Viel Spaß

mit der eigenen

Website

Dieses Buch gehört:

Vorname: ______________________

Name: ______________________

Geburtstag: __________________

So einen Computer habe ich:

____

Mein Lieblingscomputerspiel:

____

Viel Spaß mit der eigenen Website

Frank E. Callies

SYBEX

Projektmanagement: Simone Schneider
Endkontrolle: Gerald Bosch, Düsseldorf
Lektorat, DTP: Typographie & Computer, Jörg Gitzelmann, Krefeld
Illustrationen/Umschlaggestaltung: Hendrik Kranenberg
Farbreproduktion: More Colour, Meerbusch
Belichtung, Druck und buchbinderische Verarbeitung: Media-Print GmbH, Paderborn

ISBN 3-8155-4033-X
1. Auflage 2001

Printed in Germany

INHALT

Einleitung

Ein Vorwort für die Eltern

Internet und Computer sind heute aus dem Alltag nicht mehr wegzudenken und Computerwissen gehört heute unbestritten zur Allgemeinbildung. Bereits in der Grundschule werden Computer eingesetzt und Kinder, die eine weiterführende Schule besuchen, haben ohne Computerkenntnisse Nachteile gegenüber ihren Mitschülern. Was liegt da näher, als bereits früh den Umgang mit Computer und Internet einzuüben und zu lernen, wie hilfreich diese bei alltäglichen (Haus-) Aufgaben, aber auch bei kreativen Tätigkeiten wie Zeichnen, Musizieren oder gar beim Erstellen von eigenen Seiten im Internet sein können? Diese Buch-Reihe bietet einen spannenden Einstieg in die Welt der Computer und des Internets. Dies geschieht auf eine Weise, die nicht nur effektiv neues Wissen vermittelt, sondern den Kindern (und auch Erwachsenen!) viel Spaß macht. Auf diese Weise wird auch Ihr Kind mit Interesse und Spaß alle wichtigen Grundlagen der Arbeit mit Computern und im Internet kennen lernen. Mit diesem Buch werden Kinder zu selbstständigen und sicheren PC-Benutzern.

Was lernt Ihr Kind in diesem Buch?

Ihr Kind lernt, mit Hilfe eines der weltweit besten Web-Gestaltungsprogramme eine komplette Website mit vielen verschiedenen Funktionen und Möglichkeiten zu erstellen.

Dabei werden alle Standard-Elemente einer Website vorgestellt, aber auch spezielle Funktionen wie zum Beispiel Rollover-Effekte oder anklickbare Bereiche innerhalb von Bildern.

Auf der beiliegenden CD-ROM finden Sie alle Beispiele aus dem Buch und darüber hinaus eine Testversion eines FTP-Programms. Mit einem solchen Programm kann man auf den Server zugreifen, auf dem eine Website liegt, und sie verwalten.

Nach dem Lesen dieses Buches ist Ihr Kind in der Lage, sicher und selbstständig Webseiten zu gestalten und online im Internet zu präsentieren. Vielleicht der erste Schritt auf dem Weg zu einer erfolgreichen Berufskarriere.

Wir begleiten dich durch dieses Buch

Hallo, ich bin Roderick 2! Meine Freunde nennen mich aber einfach Robbi. Ich und meine Freunde, Tina und Tim, werden dich durch dieses Computerbuch begleiten. Gemeinsam werden wir herausfinden, wie man tolle Seiten für das Internet machen kann.

Hi! Ich bin Tina, die Schwester von Tim. Wir wollen endlich eine eigene Website im Internet haben. Da kannst du dir ja vorstellen, dass wir eine Menge neuer Dinge ausprobieren müssen. Zum Glück haben wir Robbi! Der kennt sich damit total gut aus.

Hallo! Ich bin Tim, der Bruder von Tina. Nur weil ich ein paar Minuten später zur Welt gekommen bin, nennt sie mich immer ihren »kleinen« Bruder. Ich bin schon wahnsinnig gespannt, was wir mit Webseiten so alles machen können. Robbi ist ja Experte, der kann uns alles erklären.

Natürlich sollst du nicht nur etwas lernen, sondern kannst auch mit mir und meinen Freunden viel Spaß haben. Einige tolle Programme und andere Dinge, die du direkt ausprobieren kannst, findest du auf der CD-ROM (das ist die silberne Scheibe im Buch). Und damit auch deine Eltern etwas von diesem Buch haben, gibt es am Ende auch noch wichtige Tipps für Eltern, damit die sich keine Sorgen zu machen brauchen, wenn du mal an Papas oder Mamas Computer arbeiten willst.

So kannst du mit diesem Buch arbeiten

Damit du dich in diesem Buch sofort zurechtfindest, habe ich jeweils am Seitenrand neben dem Text überall kleine Bilder und Zeichen angebracht, wo es etwas Besonderes zu beachten gibt. Schau dir die Zeichen also genau an, bevor du mit der Arbeit beginnst!

Achtung!

Wenn du dieses Zeichen siehst, weißt du sofort: Achtung! Hier kommt eine wichtige Information. Du solltest dann ganz besonders aufmerksam lesen, was neben dem Zeichen steht.

Unbedingt merken!

Wenn dieses Zeichen auftaucht, solltest du dir etwas merken, oder besser noch, aufschreiben. Verwahre deine Notizen gut, denn du wirst sie im Verlauf des Buches immer wieder brauchen!

Wenn dieses Zeichen am Rand erscheint, gibt es Arbeit für dich. Es folgt dann eine Übung oder eine Aufgabe, die du mithilfe des Computers lösen musst.

Das Zeichen rechts findest du immer dort, wo es ein bisschen kompliziert wird. Du solltest dann ruhig mal deine Eltern oder ältere Geschwister um Rat fragen.

Das Zeichen links bedeutet: Eltern fragen. An dieser Stelle geht es um ein Thema, das du mit deinen Eltern besprechen solltest.

So solltest du das Buch lesen

Wie du mit dem Buch am besten arbeitest, hängt vor allem davon ab, wie viel du schon über das Erstellen von Webseiten weißt. Wenn du noch ein richtiger Anfänger oder eine Anfängerin bist und bisher noch gar keine Webseite selbst erstellt hast, solltest du die Kapitel möglichst genau in der Reihenfolge bearbeiten, wie sie auch im Buch angeordnet sind – also von vorne nach hinten.
Wenn du dich früher schon einmal mit dem Erstellen von Webseiten beschäftigt hast und dich schon ganz gut auskennst, dann kannst du die einzelnen Themen so durcharbeiten, wie es dir gefällt.
Zum Thema Computer und Internet gibt es Tausende von englischen und deutschen Fachwörtern. Natürlich musst du die nicht alle kennen oder auswendig lernen. Die wichtigsten Begriffe sind in einem Computerlexikon am Ende des Buches erklärt. Wenn im Text also mal ein Wort auftaucht, das du nicht kennst, schau doch einfach im Lexikon nach!

Die CD im Buch

Sicher hast du schon die silberne Scheibe im Buch entdeckt. Das ist eine CD-ROM, auf der Informationen, Programme und Spiele zu finden sind. Um die CD-ROM benutzen zu können, muss dein Computer ein CD-ROM-Laufwerk besitzen. Alle Übungen und Aufgaben im Buch sind aber so angelegt, dass du sie auch ohne die CD-ROM durchführen kannst. Immer wenn es um etwas geht, das auch auf der CD-ROM gespeichert ist, findest du am Seitenrand dieses Zeichen.

Das bedeuten die Anweisungen im Buch

Eingabe über die Tastatur

Hier sollst du etwas auf der Tastatur eintippen.

Mausklick

Hier heißt es, den Mauszeiger auf ein Bild oder einen Gegenstand zu bewegen und einmal die linke Maustaste zu drücken.

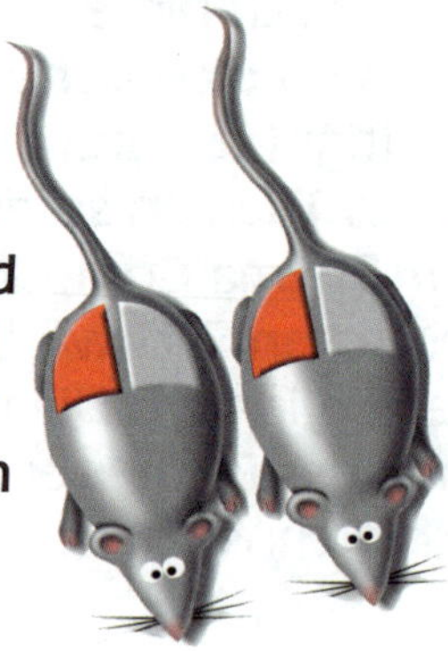

Doppelklick

Zwei Mäuse: den Mauszeiger auf ein Bild oder einen Gegenstand bewegen und zweimal ganz schnell hintereinander die linke Maustaste drücken

Rechtsklick

Der funktioniert genau wie der normale Mausklick. Hier wird aber die rechte Maustaste gedrückt.

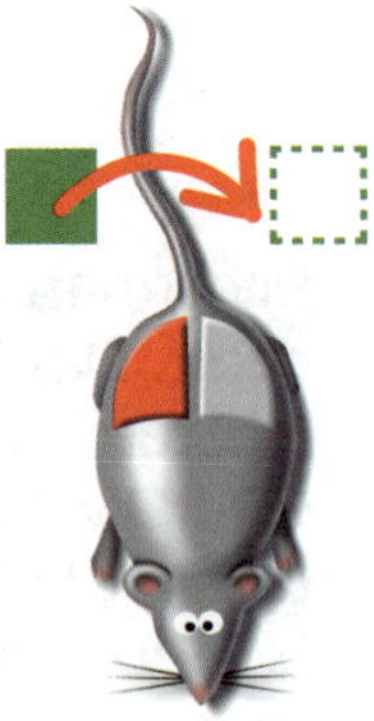

Mit der Maus etwas ziehen

Dabei musst du mit dem Mauszeiger auf den Gegenstand oder das Bild fahren, das du bewegen willst. Dann musst du die linke Maustaste drücken und festhalten. Jetzt kannst du die Maus bewegen und dabei den Gegenstand mitziehen. Das Ganze nennt man auch Drag & Drop (sprich: »dräg änd dropp«).

Maus bewegen

Hier musst du die Maus auf ein bestimmtes Bild, ein Objekt oder einen Menüeintrag bewegen.

Diese Tasten solltest du kennen

Für die Aufgaben und Beispiele in diesem Buch benötigst du häufig die folgenden Tasten:

Strg ist die Abkürzung für Steuerung.

Die Alt-Taste

Die AltGr-Taste

Schau dir doch schon einmal an, wo sich diese Tasten auf deiner Computertastatur befinden!

Die Pfeiltasten (oder Cursortasten)

Die Tabulatortaste

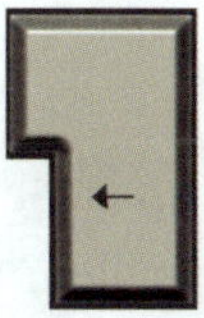

Die Eingabetaste

Die Funktionstaste F1

Die Computertastatur. Schau doch einmal nach, wo sich die genannten Tasten auf der Tastatur, die an deinen PC angeschlossen ist, befinden.

So, jetzt geht's aber los! Ich wünsche dir viel Spaß beim Lesen und Webseitengestalten!

Wusstet ihr eigentlich schon, dass unsere Schule
jetzt eine eigene Website im Internet hat?

Ja, habe ich schon gesehen,
ist aber ziemlich langweilig.

Warum langweilig?

Ach, da gibt's nur seitenweise
Text und fast gar keine Bilder.
Das kann man sich alles nur durchlesen.

Stimmt, ich wette, WIR würden das besser hinkriegen.

Hmh, vielleicht, aber dazu müssten wir erst
mal Webseiten programmieren können.
Das ist bestimmt ganz schön schwierig.

Nö, das ist sogar ziemlich einfach.
Vor allem, wenn man den weltbesten
Roboter und Webseiten-Spezialisten
Robbi als Berater dabei hat.

Robbi, du alter Angeber. Sag mal im Ernst,
meinst du, wir können auch eine eigene Webseite im
Internet machen? Zum Beispiel für unsere Familie?

Nicht nur eine Webseite, wir machen eine ganze Website.

Da geht's schon los. Webseite – Website.
Wo ist denn da der Unterschied?

Hört gut zu, dann werde ich
euch alles genau erklären.

Grundlagen

Was ist eine Webseite, was eine Website?

Webseiten im Internet sind im Grunde wie Seiten in einer Zeitung. Auf jeder Seite können Texte oder Bilder stehen. Und meistens hat jede Seite auch ein ganz bestimmtes Thema.
Webseiten können allerdings auch ganz andere Dinge enthalten als eine Seite in einer Zeitung. Auf einer Webseite kann man zum Beispiel auch ein Musikstück anhören oder sich einen Videofilm anschauen.

Webseiten, was ist das?

Webseiten sind wie Seiten in einer Zeitung. Webseiten können allerdings viel mehr als Zeitungsseiten: Sie können Texte, Bilder oder Fotos zeigen, aber auch Musikstücke oder Videos abspielen.

Das Wichtigste ist aber, dass man mit einem Klick von einer Webseite aus blitzschnell zu irgendeiner anderen Webseite springen kann. Die wiederum ist vielleicht auf einem Computer gespeichert, der tausende von Kilometern entfernt ist.

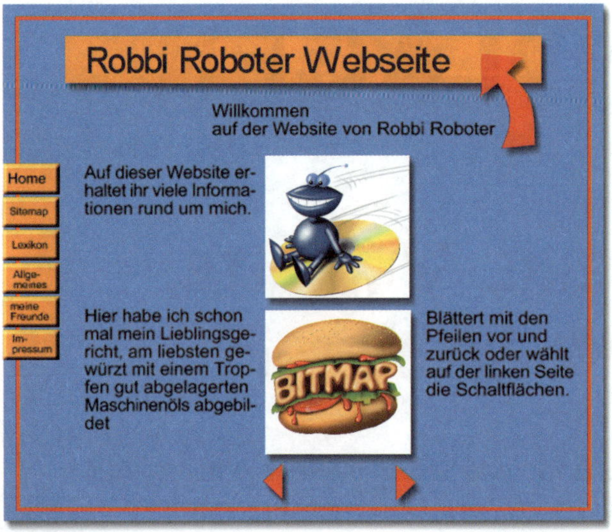

Eine Webseite. Die würde Robbi bestimmt gefallen ...

Wenn man in einer Zeitung eine andere Seite ansehen will, blättert man so lange vor oder zurück, bis man auf der gewünschten Seite angekommen ist.

Bei Webseiten geht das viel einfacher und schneller. Es reicht aus, auf ein bestimmtes Wort oder auf ein Bild zu klicken. Und schon surft man blitzschnell zu der gewünschten Webseite.

Solche Verbindungen zwischen verschiedenen Webseiten nennt man übrigens auch »Hyperlinks« oder einfach nur »Links«.

Was sind Hyperlinks?

Hyperlinks (sprich: »Haiper-links«) sind die Verbindungen zwischen verschiedenen Webseiten.

Eine typische Webseite. Die Bilder und alle blau unterstrichenen Wörter sind Hyperlinks, die zu anderen Seiten führen ...

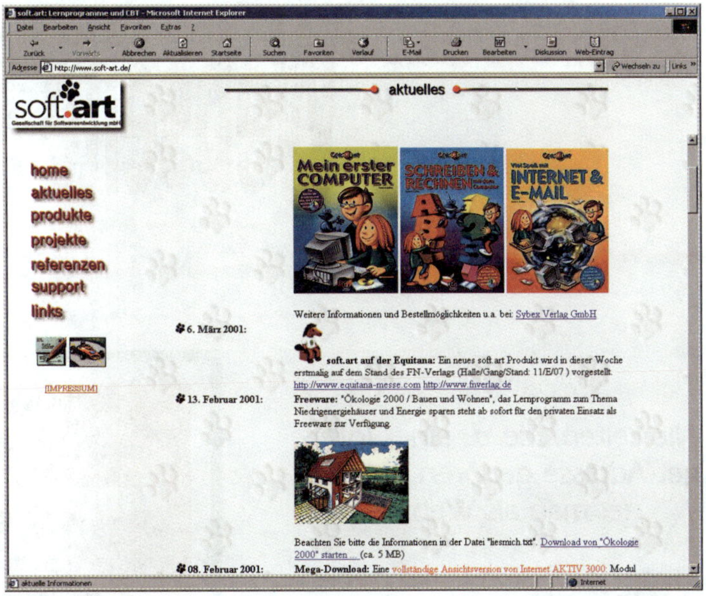

Eine Webseite kann man sich aber nur am Computer anschauen. Oder?

Stimmt. Man benötigt dazu sogar ein spezielles Programm ...

Einen Internet-Browser!

Haargenau. Ein Internet-Browser ist also im Grunde nichts anderes als ein Anzeigeprogramm für Webseiten.

Und was ist jetzt eine Website?

Die meisten Dinge, die im Internet gezeigt werden, bestehen nicht nur aus einer Webseite, sondern vielen verschiedenen, die alle zusammengehören.

Eine Website besteht aus einer Startseite und mehr oder weniger vielen weiteren Webseiten.

Webseite / Website

Alle Seiten, die zu einer Internet-Adresse gehören, bezeichnet man als Website.

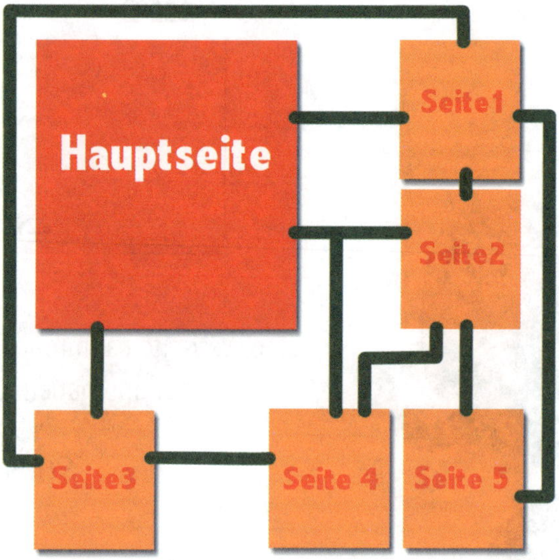

Was für eine Internet-Adresse?

Jede Seite im Internet hat eine eigene Adresse, über die man sie mit Hilfe des Browsers erreichen kann.

So sieht eine Adresse im Internet-Explorer aus.

Und wie kommen die Webseiten und die Websites ins Internet?

Damit jeder die Webseiten anschauen kann, muss man sie vorher auf einem speziellen Computer im Internet ablegen. Solche Computer werden auch als »Server« (sprich: »Sörwer«) bezeichnet.

Es gibt viele Anbieter, die Speicherplatz auf so einem Server-Computer vermieten. Diesen Platz kann man dann mit den eigenen Webseiten füllen. Jeder kann sie sich dann im Internet anschauen.

Wie das genau funktioniert, schauen wir uns aber weiter hinten im Buch noch an.

www = World Wide Web

Übrigens:

WWW steht für «World Wide Web« (sprich: »wörld weid webb«). Das ist der Teil des Internets, in dem du Webseiten anschauen kannst.

Woraus bestehen Webseiten?

Mich würde ja mal interessieren, woraus denn so eine Webseite eigentlich besteht?

Erst mal ist eine Webseite einfach eine Datei. Genau wie zum Beispiel eine Textdatei. Webseiten-Dateien erkennt man an der Dateiendung. Die lautet nämlich immer *.htm oder *.html.

Webseiten sind Dateien mit besonderen Dateiendungen.

Und was steht in so einer Webseiten-Datei eigentlich drin? Kann man die mit einem Textverarbeitungsprogramm lesen?

Im Prinzip schon. Eine Webseiten-Datei besteht im Grunde aus ganz vielen Befehlen, die dem Browser genau sagen, wie die Seite angezeigt werden soll.

Befehle? Wie bei einer Programmiersprache?

Exakt! Tatsächlich benutzt man zur Herstellung von Webseiten sogar eine besondere Programmiersprache.

Ja? Welche denn?

Die Sprache heißt HTML, das bedeutet ausgeschrieben HyperTextMarkupLanguage (sprich: »Heipertextmarkaplängwitsch«).

Puh. Und was bedeutet das auf Deutsch?

Das bedeutet Seitenbeschreibungssprache, also eine Programmiersprache, mit der man genau programmieren kann, wie eine Seite aussehen soll.

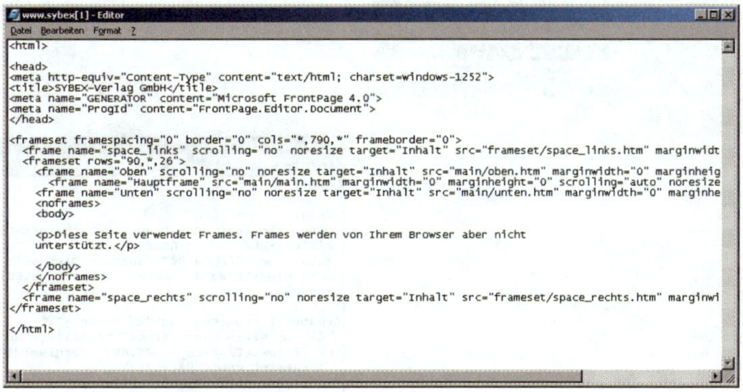


```
<html>

<head>
<meta http-equiv="Content-Type" content="text/html; charset=windows-1252">
<title>SYBEX-Verlag GmbH</title>
<meta name="GENERATOR" content="Microsoft FrontPage 4.0">
<meta name="ProgId" content="FrontPage.Editor.Document">
</head>

<frameset framespacing="0" border="0" cols="*,790,*" frameborder="0">
  <frame name="space_links" scrolling="no" noresize target="Inhalt" src="frameset/space_links.htm" marginwidt
  <frameset rows="90,*,26">
    <frame name="Oben" scrolling="no" noresize target="Inhalt" src="main/oben.htm" marginwidth="0" marginheig
      <frame name="Hauptframe" src="main/main.htm" marginwidth="0" marginheight="0" scrolling="auto" noresize
    <frame name="Unten" scrolling="no" noresize target="Inhalt" src="main/unten.htm" marginwidth="0" marginhe
    <noframes>
    <body>

    <p>Diese Seite verwendet Frames. Frames werden von Ihrem Browser aber nicht
    unterstützt.</p>

    </body>
    </noframes>
  </frameset>
  <frame name="space_rechts" scrolling="no" noresize target="Inhalt" src="frameset/space_rechts.htm" marginwi
</frameset>

</html>
```

Der Inhalt einer Webseite. Alles HTML-Programmcode. Sieht aber komplizierter aus, als es ist ...

Ihr könnt euch übriges den HTML-Programmcode jeder Webseite ganz einfach in eurem Browser anzeigen lassen.

1 Ladet die Webseite, die ihr euch anschauen wollt, in euren Browser.

2

Wählt dann im Menü unter `Ansicht` den Menüpunkt `Quelltext anzeigen` aus. Sofort könnt ihr den HTML-Programmcode der Seite betrachten.

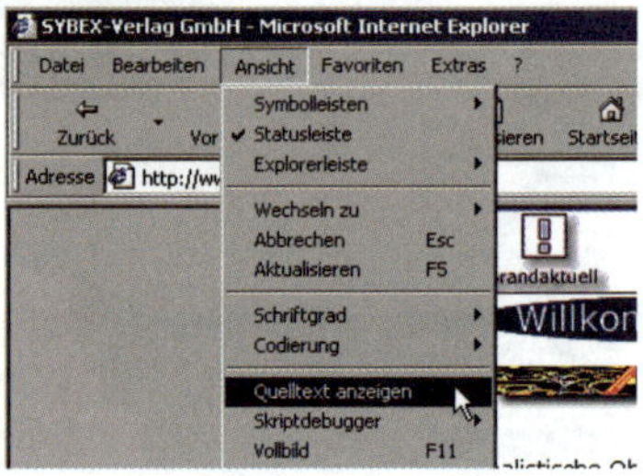

Quelltext bedeutet das Gleiche wie Programmcode.

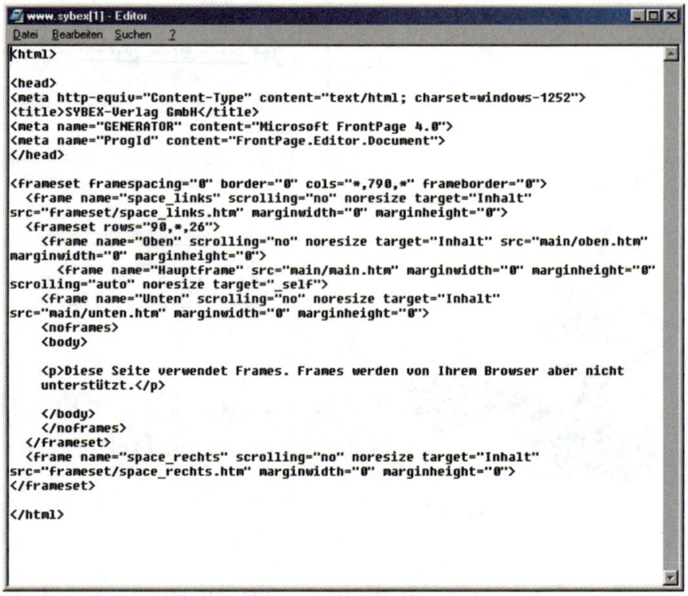


```
<html>

<head>
<meta http-equiv="Content-Type" content="text/html; charset=windows-1252">
<title>SYBEX-Verlag GmbH</title>
<meta name="GENERATOR" content="Microsoft FrontPage 4.0">
<meta name="ProgId" content="FrontPage.Editor.Document">
</head>

<frameset framespacing="0" border="0" cols="*,790,*" frameborder="0">
  <frame name="space_links" scrolling="no" noresize target="Inhalt"
src="frameset/space_links.htm" marginwidth="0" marginheight="0">
  <frameset rows="90,*,26">
    <frame name="Oben" scrolling="no" noresize target="Inhalt" src="main/oben.htm"
marginwidth="0" marginheight="0">
      <frame name="Hauptframe" src="main/main.htm" marginwidth="0" marginheight="0"
scrolling="auto" noresize target="_self">
    <frame name="Unten" scrolling="no" noresize target="Inhalt"
src="main/unten.htm" marginwidth="0" marginheight="0">
    <noframes>
    <body>

    <p>Diese Seite verwendet Frames. Frames werden von Ihrem Browser aber nicht
    unterstützt.</p>

    </body>
    </noframes>
  </frameset>
  <frame name="space_rechts" scrolling="no" noresize target="Inhalt"
src="frameset/space_rechts.htm" marginwidth="0" marginheight="0">
</frameset>

</html>
```

So kannst du dir den HTML-Code jeder Webseite anzeigen lassen.

Wie programmiert man mit HTML?

Was braucht man, um HTML-Webseiten herstellen zu können?

Aber haben wir denn überhaupt alles, was man für die HTML-Seiten benötigt?

Genau, müssen wir denn keine Programmiersprache installieren?

Nein, Ihr werdet euch wundern, wie wenige Dinge man benötigt, um eine einfache Webseite zu erstellen.
Im Grunde braucht ihr dazu nur einen einfachen Text-Editor, wie zum Beispiel den Editor von Windows. Den Editor findet ihr im Startmenü unter Programme und Zubehör. Und ihr braucht einen Internet-Browser, damit ihr die Seiten hinterher anschauen könnt.

Die erste Webseite

Ich zeige euch jetzt, wie man blitzschnell mit einem einfachen Text-Editor wie dem Editor eine Webseite programmieren kann:

1 Starte den Editor. (Du findest ihn unter Programme / Zubehör.)

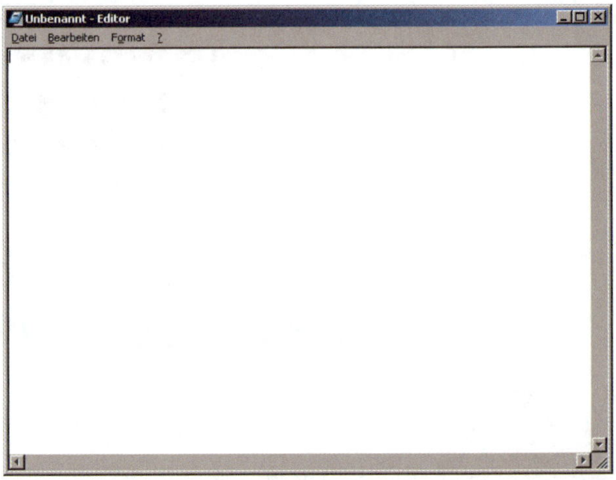

Mit dem Text-Editor von Windows kann man schon HTML-Seiten programmieren.

2 Wir schreiben jetzt unsere ersten Zeilen HTML-Code.

Tippe bitte Folgendes ein:

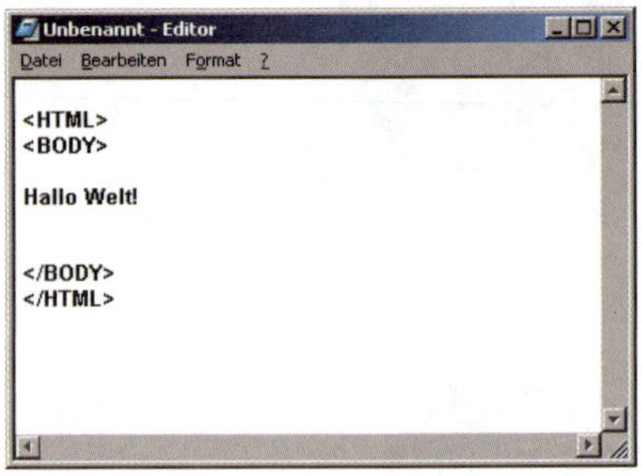

Unsere ersten HTML-Versuche ...

TIPP

Die Zeichen < und > findest du unten links auf der Tastatur. Das Zeichen > schreibst du, wenn du gleichzeitig die Hochstelltaste ⇧ gedrückt hältst. Das Zeichen / kannst du schreiben, wenn du die zuerst die ⇧ und dann die Taste 7 drückst.

3 Speichere jetzt die Datei unter dem Namen Meine erste Webseite.html ab.

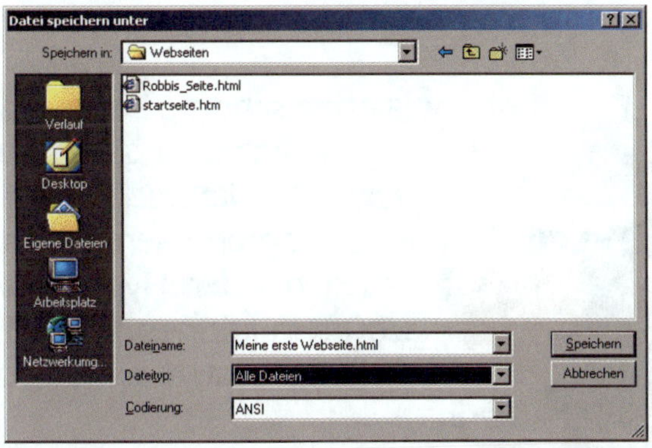

4 Mache jetzt einen Doppelklick auf die Datei. Es startet dann automatisch der Web-Browser, der auf deinem Computer installiert ist.

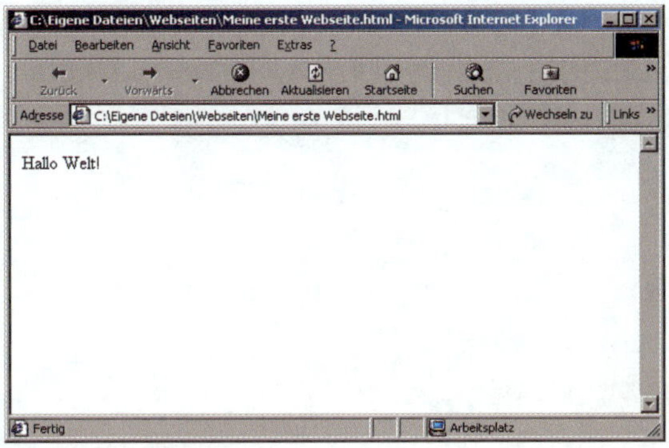

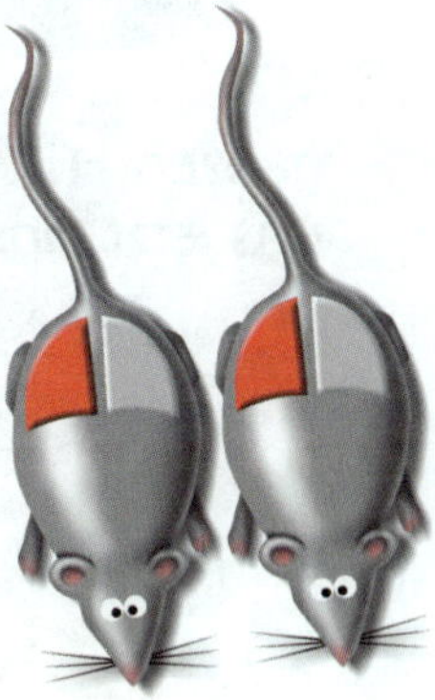

Super, die erste eigene Webseite. Und alles mit ein paar Zeilen HTML ...

So, jetzt haben wir unsere erste HTML-Seite geschrieben, aber ehrlich gesagt, sieht das ja doch noch ziemlich dürftig aus. Was ist mit Bildern ...

... und Hyperlinks und mit ...

Halt, halt, immer schön eins nach dem anderen.

Ihr habt ja eben schon gesehen, dass der HTML-Code einer vollständigen Webseite ganz schön umfangreich und kompliziert ist. Natürlich gibt es Web-Programmierer und Web-Programmiererinnen, die den Code für Bilder, Tabellen oder Hyperlinks einfach so aus dem Ärmel schütteln können. Allerdings braucht man schon ziemlich lange dazu, bis man so gut in HTML programmieren kann.

Aus diesem Grunde gibt es spezielle Programme, die dir dabei helfen können, HTML-Seiten zu schreiben, ohne die ganzen HTML-Befehle auswendig zu lernen. Solche Programme wollen wir uns jetzt einmal anschauen.

Code:

Als Programmcode oder Quellcode bezeichnen Programmierer die Textzeilen, in denen sie dem Computer mitteilen, was er machen soll. Obwohl HTML keine richtige Programmiersprache ist, bezeichnet man auch die HTML-Textzeilen und -Befehle als Quellcode oder eben einfach als »Code«.

Was ist ein Web-Editor?

Was sind das denn für Programme?

Solche Programme nennt man Web-Editoren. Genau wie ein Text-Editor-Programm zum Schreiben von Texten benutzt wird, benutzt man ein Web-Editor-Programm zum Schreiben von Webseiten.

Wie funktioniert das denn?

Ein Web-Editor-Programm funktioniert so ähnlich wie ein Textverarbeitungsprogramm. Das habt ihr doch sicher schon mal benutzt.

Klar, ich mache meine Hausaufgaben immer mit Word.

Dann wisst ihr ja, wie man mit so einem Programm Texte schreiben und vor alle formatieren kann. Genauso funktioniert das auch bei den Web-Editoren.

Formatieren?

Formatieren ist die Bezeichnung dafür, einem Text oder auch einer ganzen Seite das richtige Aussehen zu verpassen. Zum Formatieren gehört zum Beispiel, dass man einstellt, welcher Zeichensatz benutzt wird, wie groß die Buchstaben sind und welche Farbe sie haben.
Beim Formatieren einer ganzen Seite legt man zum Beispiel fest, an welcher Stelle Texte und Bilder angezeigt werden, wo die Überschrift steht und so weiter ...

Allerdings gibt es dabei ziemlich große Unterschiede. Manche Editoren helfen nur dabei, die richtigen HTML-Befehle zu finden. Andere nehmen einem die ganze HTML-Arbeit ab und man kann Texte und Bilder einfach so lange verschieben, bis alles so aussieht, wie man es haben möchte. Solche Programme nennt man auch WYSISYG-Editoren.

WYSIWYG? Was ist das denn schon wieder?

Diese merkwürdige Abkürzung steht für »What You See Is What You Get«. Was auf Deutsch so viel bedeutet wie »So wie es aussieht, wird es auch später«. Im Klartext heißt das, du kannst mit solchen Editoren die Webseiten schon am Bildschirm genau so zusammensetzen, wie sie hinterher auch im Web-Browser aussehen werden.

Hier seht ihr ein paar Beispiele für Web-Editoren:

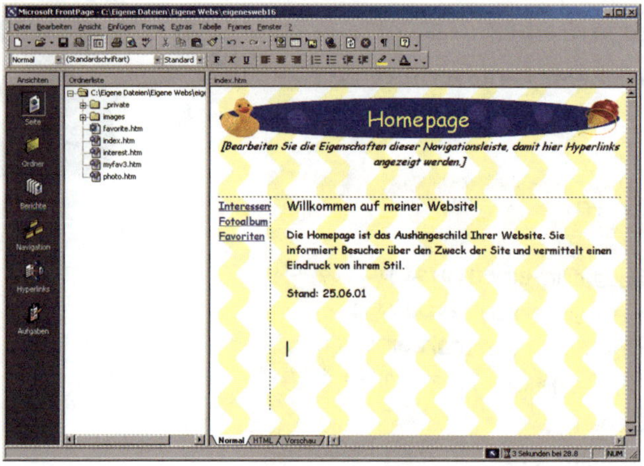

Der Web-Editor »Frontpage« von der Firma Microsoft

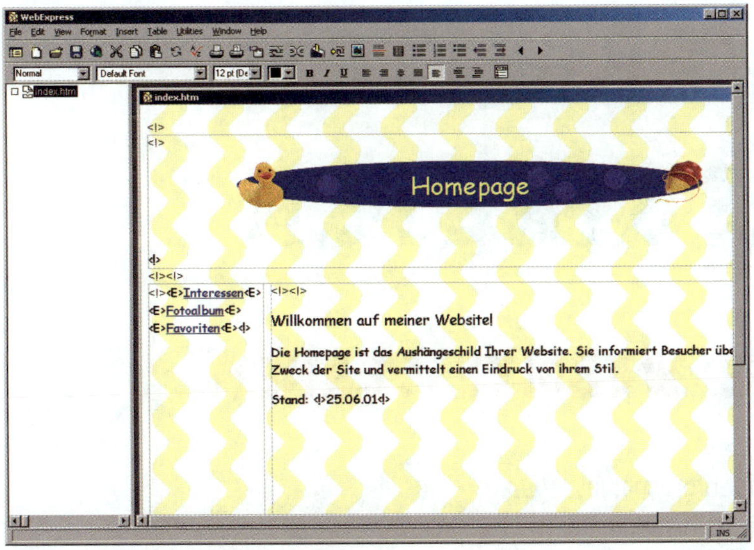

Der Web-Editor »Web-Express«

Der Editor »Fusion«. Den lernst du später noch genauer kennen.

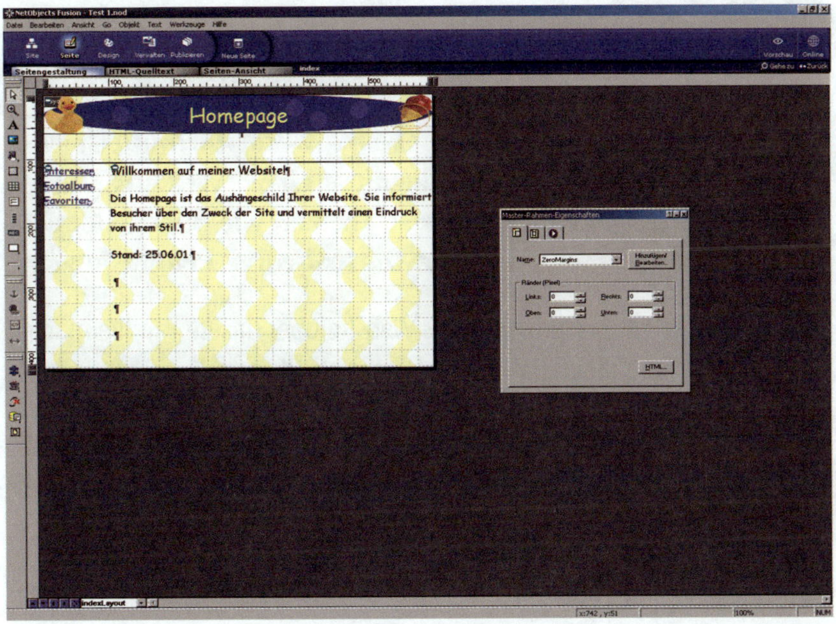

Webseiten gestalten

Eine Website planen

Dann lasst uns sofort mal los legen
und eine Website erstellen.

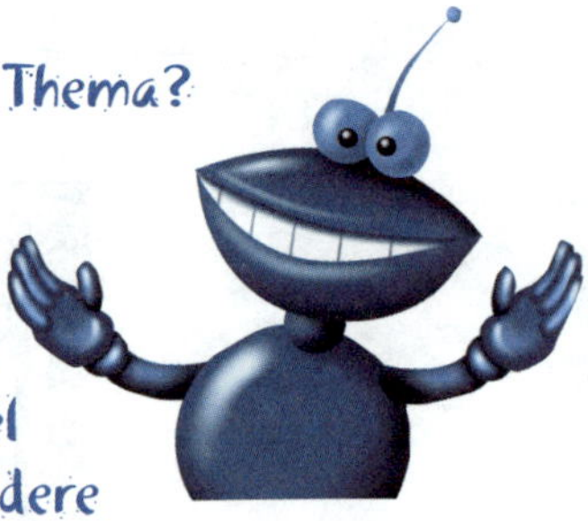

So? Und zu welchem Thema?

Wieso Thema?

Jede Website hat doch ein bestimmtes Thema. Auf der Website einer Firma werden zum Beispiel die Produkte vorgestellt, die diese Firma verkauft. Andere Websites beschäftigen sich mit Themen wie Sport, Hobby oder Natur. Da sind eurer Phantasie keine Grenzen gesetzt.

Wie wär's, wenn wir eine Website über unsere Familie machen
und die dann unseren Eltern als Überraschung präsentieren.

Gute Idee, da könnten wir Fotos
von uns allen zeigen ...

... und wir könnten
über unsere Hobbies berichten.

Und darüber, wo wir im
Urlaub waren oder über unsere Lieblingstiere.

Eine Website richtig planen:

Damit du mit dem Programmieren auch richtig los legen kannst, solltest du dir vorher schon so in etwa überlegen, aus welchen Seiten deine Website bestehen soll und was du dazu alles brauchst. Oft hilft es dabei sehr, wenn du die verschiedenen Seiten der Website auf einem Blatt Papier aufmalst und durch Verbindungslinien kennzeichnest, wo überall Links zwischen den Seiten entstehen sollen. Dann macht die Arbeit später mehr Spaß und geht schneller voran.

Robbi hat zum Glück einen tollen Web-Editor mitgebracht. Kannst du uns vielleicht mal zeigen, wie der funktioniert?

Nichts lieber als das ...

DER WEB-EDITOR FUSION

Ich habe euch einen besonders leicht zu bedienenden Web-Editor mitgebracht. Es handelt sich um den Web-Editor »Fusion« der Firma NetObjects. Das ist auch ein so genannter WYSIWYG-Editor. Was das bedeutet, weißt du ja inzwischen schon. Ein besonderer Vorteil von diesem Web-Editor ist, dass du ihn bei vielen Internet-Providern kostenlos bekommst, wenn du dort Speicherplatz auf einem Internet-Server mietest.

Internet-Provider:

Internet-Provider sind Firmen, die selbst große Server-Computer im Internet betreiben. Gegen Bezahlung kann man sich dann von zu Hause oder aus dem Büro über die Telefonleitung mit so einem Provider verbinden. Dieser stellt dann die Verbindung zum Internet her. Sicher kennst du große Provider wie zum Beispiel T-Online oder die Firma AOL. Viele Internet-Provider bieten auch Speicherplatz auf ihren Server-Computern zum Mieten an. Wenn du bei so einem Provider Speicherplatz im Internet mietest, bekommst du oft kostenlos spezielle Programme, die du zum Erstellen und Bearbeiten deiner Webseiten gut brauchen kannst.

So bekommst du eine Testversion von Fusion

Bei der Firma NetObjects kannst du dir eine kostenlose Testversion von Fusion herunterladen. Wie das gemacht wird, zeige ich dir jetzt.

Allerdings brauchst du dazu ein paar Voraussetzungen:

1. Einen Internetanschluss.

2. Eine E-Mail-Adresse.

Bevor du den Download startest, solltest du kurz deine Eltern fragen. Der Download von ca. 35 MB ist sehr umfangreich und dauert manchmal ziemlich lange. Außerdem musst du einige persönliche Daten eingeben. Hole sicherheitshalber den Rat deiner Eltern ein.
Möglicherweise habt ihr ja auch schon eine Version von Fusion, denn das Programm wird oft mit ausgeliefert, wenn man eine Domain registriert.

Aber jetzt geht's los:

1 Starte den Windows Explorer und tippe die Webadresse der Firma NetObjects ein.
http://www.netobjects.de lautet die Adresse.
Klicke anschließend auf `Wechseln zu` oder drücke `↵`.

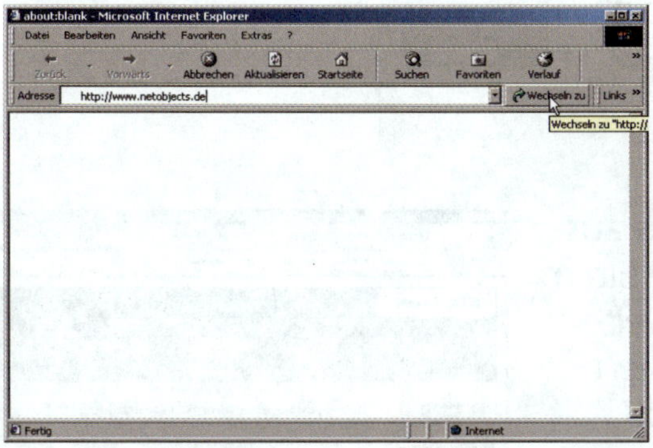

Die Adresse ist eingetippt, gleich wird die Seite aufgerufen ...

2 Hier siehst du die Seite von NetObjects. Klicke hier auf `Kostenlose Testversion`.

Einfach nur ein Klick auf [Kostenlose Testversion]...

3

Wähle hier unter der Rubrik [Choose a Product] (engl. »Wählen Sie ein Produkt aus«) »Fusion 5 for Windows: German«.

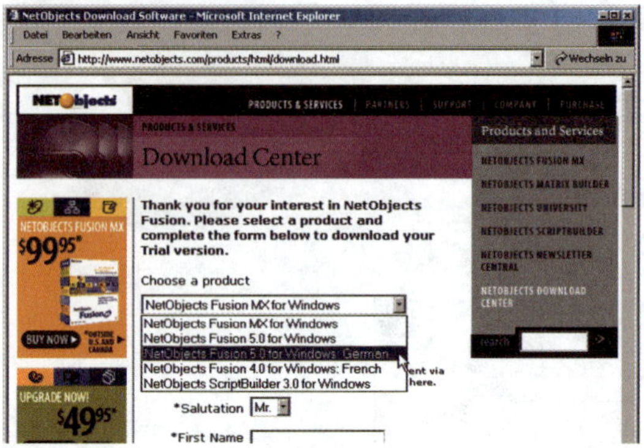

Von der deutschen Seite geht's weiter auf die englische. Aber das macht nichts, oder?

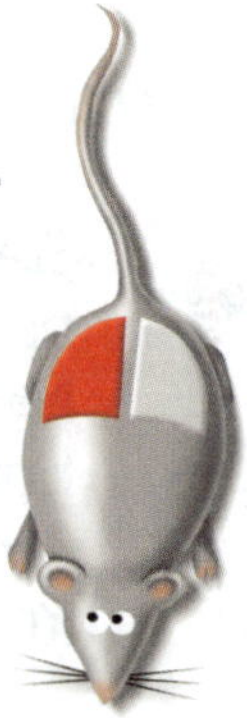

4

Hier muss jetzt Einiges ausgefüllt werden. Deine Eltern helfen dir bestimmt weiter. Alle mit einem Sternchen markierten Felder sind Pflichtfelder.

Puh, das ist der erste Teil...

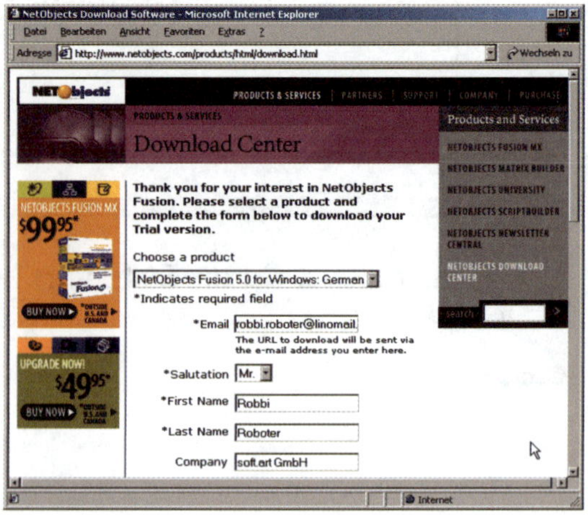

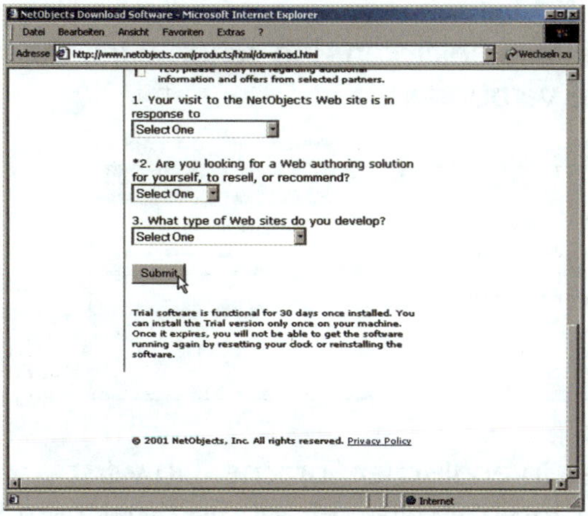

...und dieses ist der zweite Teil.

Denke daran, dass die E-Mail-Adresse richtig sein muss. NetObjects schickt dir nämlich den Link zur Downloadmöglichkeit per E-Mail zu.

5 OK, alle Daten wurden akzeptiert, jetzt warten wir auf die E-Mail von NetObjects...

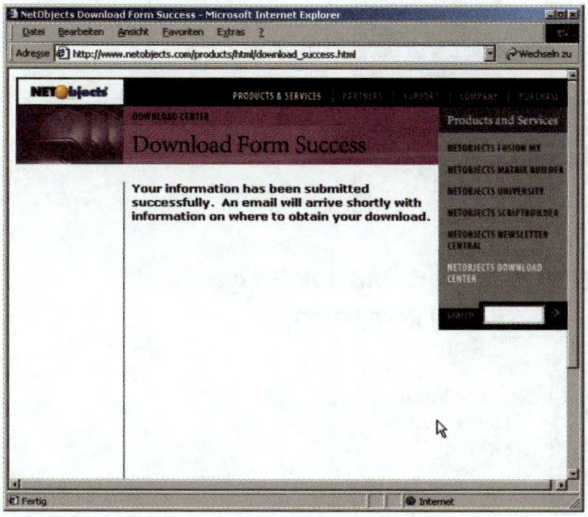

»Ihre Informationen wurden erfolgreich übermittelt. Es wird Sie in Kürze eine E-Mail erreichen, die die Downloadadresse enthält.«

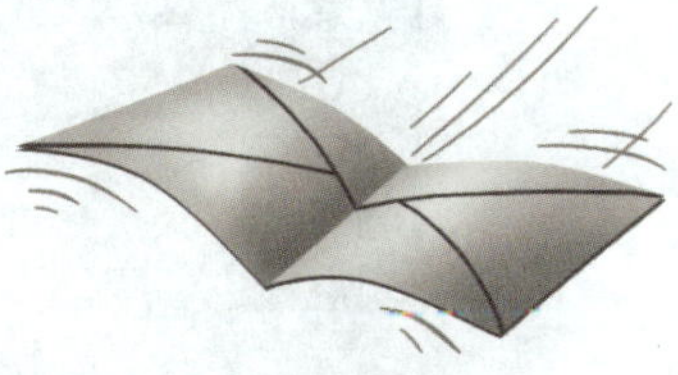

6

Da ist auch schon die E-Mail mit dem angekündigten Link. Den kannst du nun einfach anklicken und schon wirst du mit der Downloadseite verbunden.

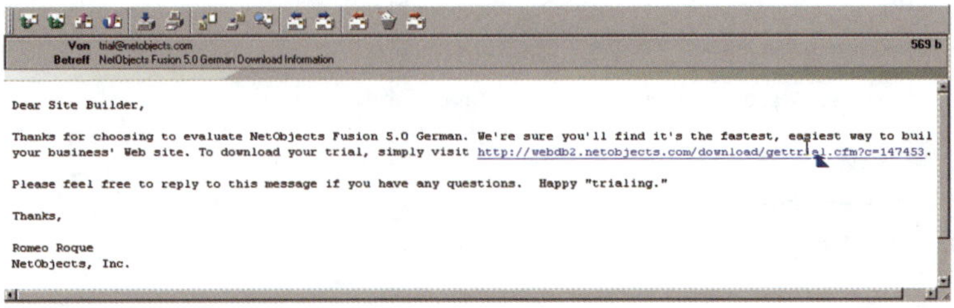

Der Link ist da! Jetzt nur noch anklicken ...

7

Und schon wieder alles in englischer Sprache. Du wirst nämlich hier auf dieser Internetseite gefragt, von welchem Server du die 35 MB große Installationsdatei downloaden möchtest. Klicke auf Download hinter **Best**.

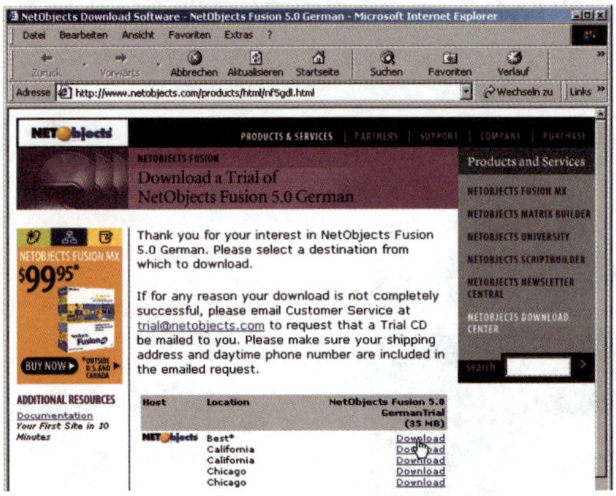

Wir kommen dem Download immer näher ...

8

Klicke hier auf OK und lasse die Markierung Das Programm speichern bestehen.

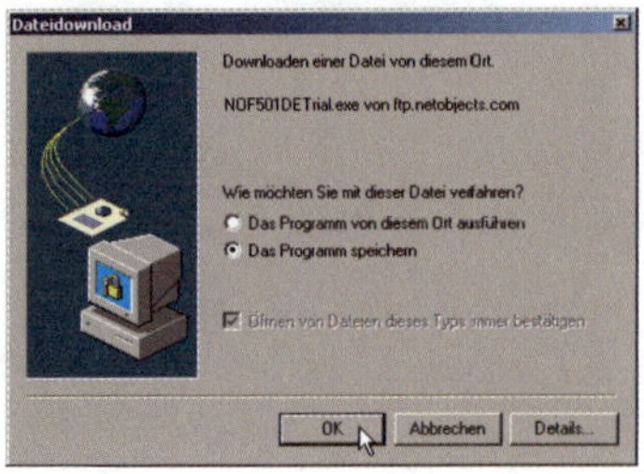

Das Programm speichern, ist klar, oder?

9 Jetzt musst du nur noch einen Speicherort für die Installationsdatei festlegen. Das ist nicht schwierig.

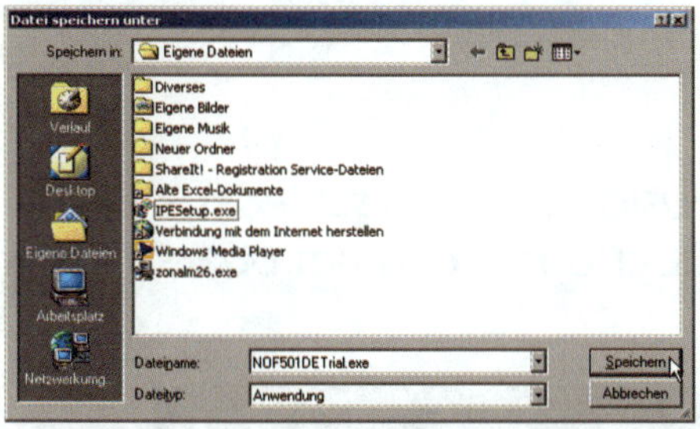

Den Speicherort auswählen, auf `Speichern` *klicken und der Download läuft...*

10 Endlich geschafft. Der Download läuft ...

So kannst du Fusion installieren ...

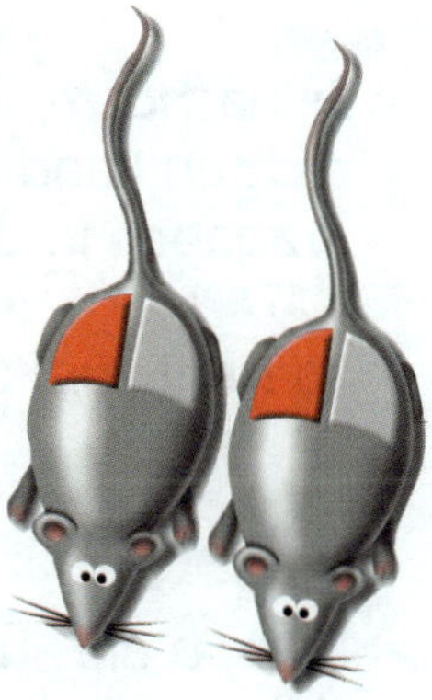

1 Klicke doppelt auf die downgeloadete EXE-Datei `NOF501DETrial.exe`.

2 Folge einfach den Anweisungen des Installationsprogramms. Erst wird die Datei entpackt und dann nach und nach installiert.

3 Zum Ende der Installation legt das Installationsprogramm eine Verknüpfung auf dem Desktop an:

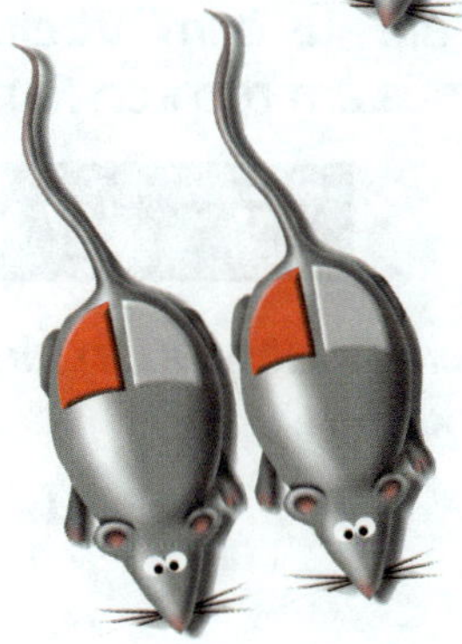

4 Starte Fusion einfach durch einen Doppelklick auf diese Verknüpfung.

Die Benutzeroberfläche von Fusion

Die Menüleiste von Fusion

Die Programmoberfläche von Fusion ist in verschiedene Bereiche und Ansichten unterteilt, die du über das Menü am oberen linken Rand erreichen kannst.

Um von einem Bereich in einen anderen zu wechseln, reicht es aus, das entsprechende Symbol anzuklicken. Du kannst leicht erkennen, in welchem Bereich du dich gerade befindest, weil das entsprechende Symbol jeweils erleuchtet ist.

Je nachdem, in welchem Arbeitsbereich du dich befindest, erscheinen am rechten Rand der Menüleiste weitere Menüpunkte, mit denen du spezielle Aufgaben in dem gerade gewählten Arbeitsbereich ausführen kannst.

So sieht zum Beispiel die Menüleiste des Arbeitsbereiches »Site« aus:

Und so die aus dem Arbeitsbereich »Design«. Achte vor allem auf zusätzliche Menüs am rechten Rand.

Außerdem findest du in einigen Arbeitsbereichen noch zwei oder mehrere Registerkarten.

Mit ihnen kannst du innerhalb eines Arbeitsbereiches unterschiedliche Themen bearbeiten. Klicke dazu einfach auf die Registerkarte, die du bearbeiten möchtest.

Der Arbeitsbereich »Site«

Hier kannst du neue Seiten zu deiner Site hinzufügen und die Seiten in ihrer Anordnung verschieben. Wie das im Einzelnen funktioniert, werden wir gleich gemeinsam ausprobieren.

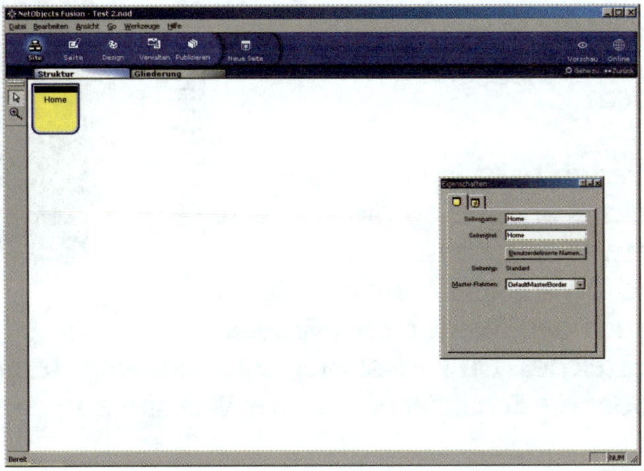

Der Arbeitsbereich »Site«

Der Arbeitsbereich »Seite«

Der Arbeitsbereich »Seite« zeigt dir die aktuell ausgewählte Seite deiner Website.
Du kannst die ausgewählte Seite hier bearbeiten. Das heißt, du kannst Texte hinzufügen, verändern oder löschen. Oder du kannst Bilder, Schaltflächen, Hyperlinks oder E-Mail-Links bearbeiten. Und, und, und ...

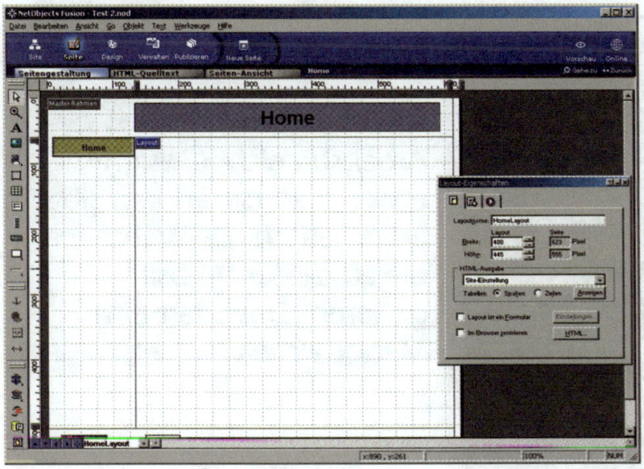

Der Arbeitsbereich »Seite«

Kurz, in diesem Arbeitsbereich werden das komplette Aussehen und alle Inhalte deiner Webseiten festgelegt. Du wirst also meistens hier arbeiten.

Der Arbeitsbereich »Design«

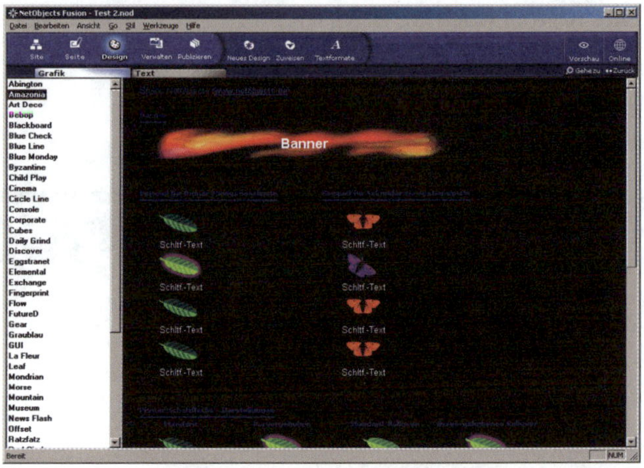

Der Arbeitsbereich »Design«. Cool!

Der Arbeitsbereich »Design« bietet dir tolle Möglichkeiten. Du kannst hier mit wenigen Mausklicks das Aussehen aller Seiten deiner Website verändern.

Design heißt ja im Grunde nichts anderes als die Kunst, etwas so zu gestalten, dass es schön aussieht. Und das ist auch der Zweck dieses Arbeitsbereiches. Du kannst hier unter anderem festlegen, wie der Hintergrund oder die Schaltflächen deiner Website aussehen sollen.

Auf der zweiten Registerkarte mit dem Namen »Text« findest du die Ansicht, wie die Texte beim gerade ausgewählten Design aussehen werden.
Achte vor allem darauf, dass alle Texte immer gut lesbar sind.

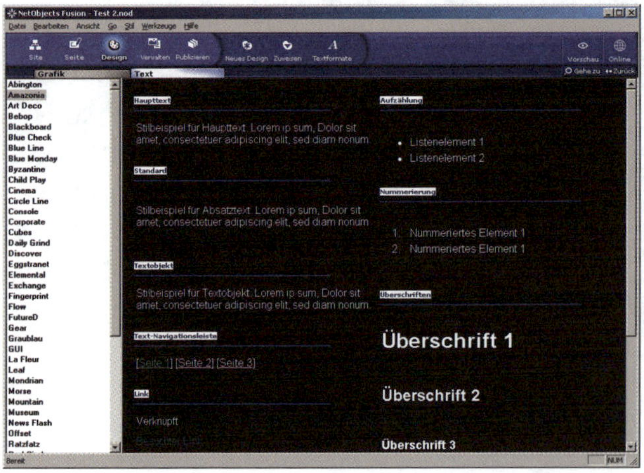

Die Registerkarte »Text«

Wenn du im Arbeitsbereich »Design« etwas änderst, ändern sich automatisch alle Webseiten, die zu deiner Website gehören. Das spart eine Menge Arbeit.

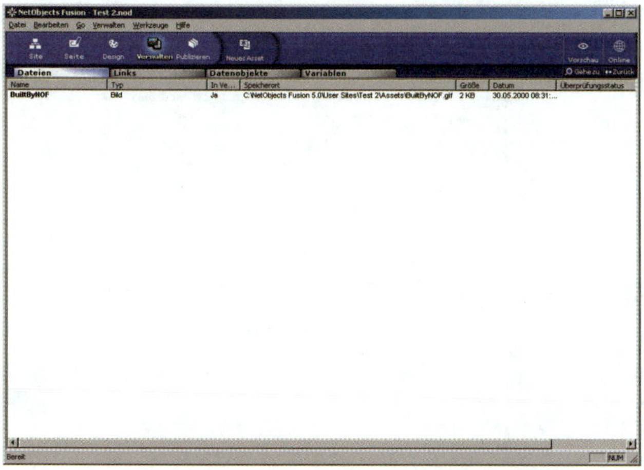

Der Arbeitsbereich »Verwalten«

Der Arbeitsbereich »Verwalten«

Hier ist zur Zeit noch nicht viel zu sehen. Der Arbeitsbereich »Verwalten« zeigt dir, welche Dateien zu deiner Website gehören und wo diese gespeichert sind.

Klar, dass hier jetzt noch nicht viel angezeigt wird. Wir haben ja noch keine Seiten angelegt.

Auch der Arbeitsbereich »Verwalten« hat mehrere Registerkarten. Aber auch da gibt es jetzt noch nicht viel zu sehen. Wir werden uns später noch damit beschäftigen.

- Links: Hier werden alle Hyperlinks angezeigt, die du auf deinen Webseiten verwendest. Du kannst hier auf einen Blick erkennen, wohin die Links führen.

- Datenobjekte: Diese Funktionen benötigst du erst mal nicht. Es geht hier um die Verbindung zu einer Datenbank.

- Variablen: Variablen sind Platzhalter für bestimmte Inhalte. Du kannst auf deinen Webseiten zum Beispiel die Variable »Adresse« verwenden. Wenn du auf der Registerkarte »Variablen« den Inhalt dieser Variable änderst, ändert er sich auf allen Seiten, auf denen du die Variable »Adresse« benutzt hast.

Der Arbeitsbereich »Publizieren«

Der Arbeitsbereich »Publizieren« dient dazu, die Einstellungen für das Veröffentlichen (= Publizieren) deiner Webseiten vorzunehmen.

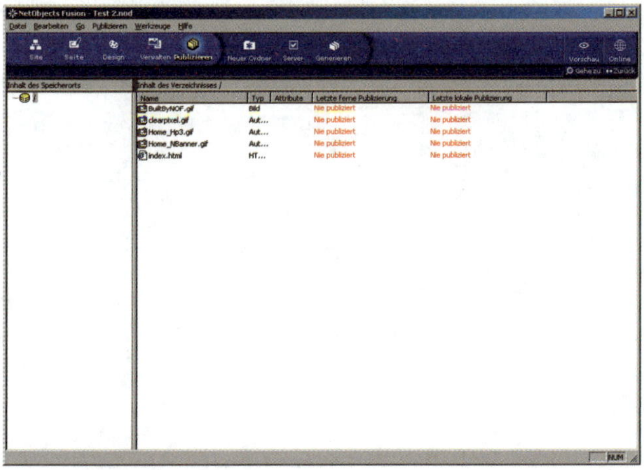

Der Arbeitsbereich »Publizieren«

- Neuer Ordner: Legt einen neuen Ordner an
- Server: Hier kannst du einstellen, wo deine Webseiten im Internet gespeichert werden sollen
- Generieren: Generieren bedeutet das Gleiche wie Erzeugen. Hier kannst du Fusion befehlen, aus deinen erstellten Webseiten richtige HTML-Webseiten zu machen und diese zu speichern.

Goldene Regeln für die Gestaltung von Webseiten

Bevor wir loslegen, möchte ich dir noch ein paar Tipps mit auf den Weg geben. Sicher kennst du auch Webseiten, bei denen sofort nach dem Start eine Menge von bunten Bildern, Texten oder Hintergrundgrafiken präsentiert werden. Oft dudelt dazu ein kläglicher Sound, der einem die Roboterohren scheppern lässt.
Häufig kann man auf diesen Seiten auf den ersten Blick gar nicht erkennen, was auf der Website zu finden ist.

Die Erfahrung zeigt, dass solche Seiten von den Besuchern meistens ganz schnell wieder verlassen werden. Das heißt, die ganze Arbeit war für die Katz.

Damit dir so etwas nicht passiert, habe ich fünf goldene Regeln für dich aufgeschrieben. Wenn du dich daran hältst, wird deine Website sicher ein Riesenerfolg.

1

Die Seite soll schnell geladen werden.
Insbesondere die Startseite deiner Website sollte blitzschnell auf dem Monitor des Besuchers erscheinen. Seiten, bei denen die Ladeanzeige wie eine Schnecke vorwärts kriecht, schrecken deine Besucher ab. Die meisten warten die Ladezeit für solche langsamen Seiten gar nicht erst ab und klicken sofort weiter.

2

Der Besucher soll sofort sehen, was ihn auf der Seite erwartet.
Die Besucher deiner Website wollen nicht darüber rätseln oder lange nachdenken, was denn auf der Seite wohl passiert, auf der sie gerade gelandet sind. Deshalb sollten auf der Startseite die wichtigen Informationen über deine Website möglichst deutlich ganz oben stehen.

3 Die Seite soll übersichtlich und nicht überladen sein.

Vermeide unbedingt, schon auf der ersten Seite sämtliche Register deiner HTML-Kenntnisse oder der Fähigkeiten deines Web-Editors zu ziehen. Sites mit vielen Bildern oder Animationen, Popup-Fenstern und Ähnlichem werden meistens schnell wieder verlassen. Das Gleiche gilt für viele Farben oder farbige Hintergrundbildern. Versuche, deine Seite möglichst übersichtlich und klar zu gestalten.

4 Der Besuche soll sofort sehen, wie er Kontakt zu dir aufnehmen kann.

Ein ganz wichtiger Punkt. Viele Besucher deiner Seite möchten dir etwas mitteilen. Vielleicht wollen sie dir nur einen Gruß schicken oder sie haben eine tolle Idee für deine Website. In jedem Fall solltest du es deinen Besuchern so einfach wie möglich machen, dich zu erreichen. Ein E-Mail-Link gehört deshalb nicht nur auf die Startseite, sondern auf jede Seite deiner Website.

5 Der Besucher will beim Start keine langen Animationen oder sonstige zeitraubenden Dinge sehen.

Ein Fehler, der sehr oft sogar von Profis gemacht wird. Auch wenn du viel Arbeit und Liebe in eine 40-Sekunden-Animation gesteckt hast: Die Besucher deiner Site wollen diese Animation höchstens ein einziges Mal sehen. Danach ist das schon »kalter Kaffee« Ganz besonders nervend ist es, wenn man die Animation nicht überspringen oder abbrechen kann. Als Faustregel kannst du dir merken. Animationen auf der Startseite dürfen höchstens fünf Sekunden lang sein. Noch besser ist es, wenn du auf der Startseite komplett darauf verzichtest.

Unsere Familien-Website

So, jetzt wollen wir aber endlich loslegen.
Was meint ihr? Womit sollen wir anfangen?

Ich denke, wir sollten zuerst einmal die wichtigsten Seiten unserer Website festlegen.

Ja, eine Seite für Tina, eine für mich und eine für unsere Eltern.

Ok, los geht's.

Fusion starten

1 Starte Fusion über das Startmenü.

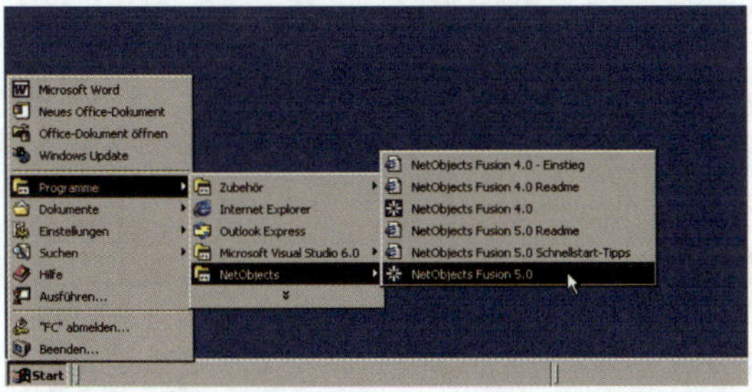

Hier kannst du Fusion starten.

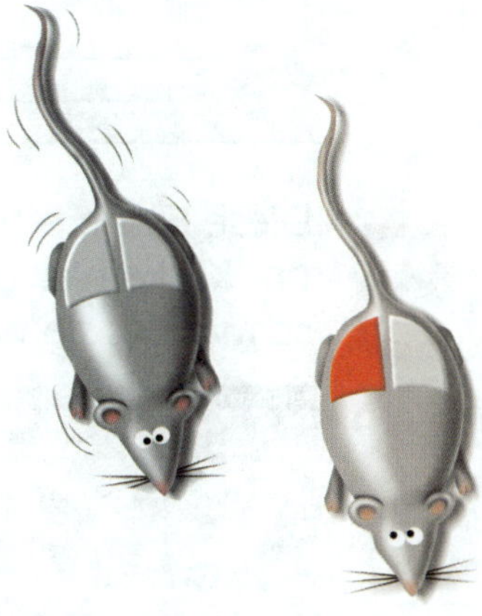

2 Wähle hier `Leere Site` aus, um eine neue Website zu erstellen:

3 Klicke dann auf `OK`.

4 Gib deiner neuen Site einen Namen. Tippe in dem Feld `Dateiname` Familien-Website ein und klicke dann auf `Speichern`.

Wähle hier einen Namen für deine Site aus.

5 Diese Frage erscheint bei jedem Start von Fusion. Klicke hier einfach auf `Später`. Dann verschwindet sie wieder.

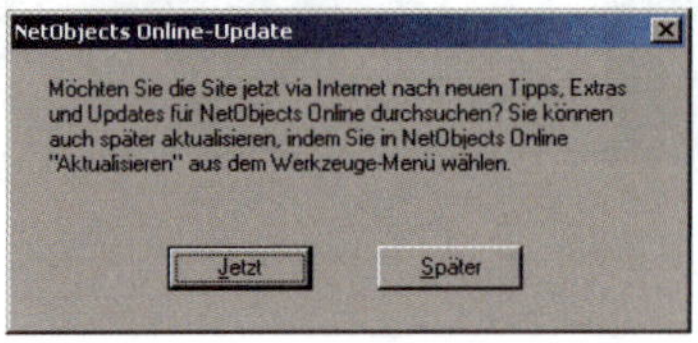

Die Startseite einrichten

1 Die Startseite umbenennen

Die Startseite, also die erste Seite, die ein Besucher auf deiner Website betritt, ist schon vorhanden. Das erledigt Fusion für dich.

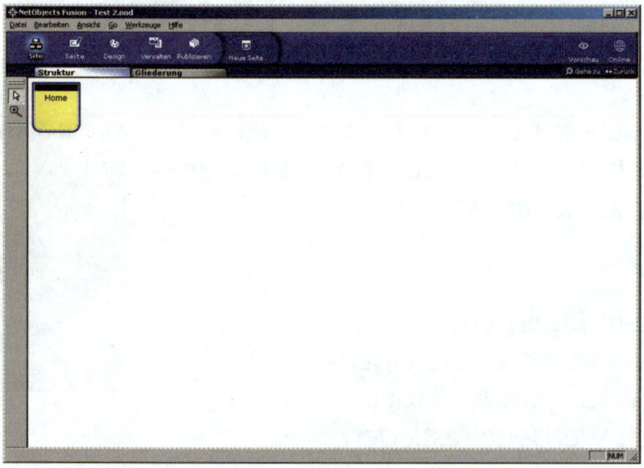

Fusion erzeugt automatisch eine Startseite für die neue Site.

Allerdings möchten wir, dass die Seite nicht »Home« heißt, sondern auf Deutsch »Startseite«. Dann kann man sich auch besser merken, was das für eine Seite ist.

2 Klicke mit der Maus das Wort Home an. Es wird markiert. Du kannst jetzt dieses Wort löschen und stattdessen Startseite schreiben.

»Home« heißt nun »Startseite«.

TIPP

Wenn ein Wort markiert ist, kannst du einfach die ganze Markierung mit der ENTF-Taste löschen. Ansonsten gilt immer: Die Taste ← löscht die Zeichen, die links vor dem Cursor stehen, die ENTF-Taste löscht die Zeichen rechts vom Cursor.

Das Eigenschaften-Fenster

Vielleicht hast du schon gesehen, dass auf der Programmoberfläche von Fusion noch ein weiteres Fenster zu sehen ist.

In diesem Eigenschaften-Fenster kannst du die Eigenschaften der gerade aktuell ausgewählten Webseite festlegen.

Das Eigenschaften-Fenster

Du hast hier folgende Möglichkeiten:

- Seitenname: Das ist der Name, unter dem die aktuelle Seite gespeichert wird. Die später entstehende Webseite hat zum Beispiel den Namen Startseite.html.

- Seitentitel: Das ist der Titel der Seite, der im Internet angezeigt wird. Der Titel ist im Prinzip so etwas wie eine Überschrift. Hier kannst du also einen Titel wählen, aus dem man sofort ablesen kann, worum es auf der Seite geht.

3 Trage jetzt als Seitentitel ein: Tinas und Tims Familien-Website.

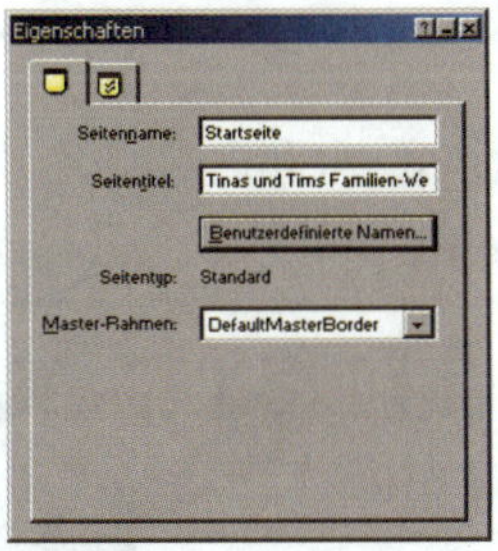

Dieser Titel wird im Internet als Name des »Bookmarks« oder als »Favoritenname« für diese Seite verwendet. Du solltest also möglichst einen Titel wählen, aus dem deutlich hervorgeht, was auf dieser Seite zu sehen ist.

Das Eigenschaften-Fenster hat noch eine zweite Registerkarte.

Hier kannst du festlegen, ob diese Seite schon fertig ist oder nicht oder ob sie noch nicht veröffentlicht werden soll.

Warte mit der Veröffentlichung deiner Website so lange, bis sie vollständig ist und ohne Fehlermeldungen benutzt werden kann. Die Besucher von Webseiten haben es nämlich gar nicht gerne, wenn wochenlang ein Hinweis erscheint, dass die Seite noch überarbeitet wird. Noch schlimmer ist es, wenn der Klick auf einen Link zu einer Fehlermeldung führt.
Also merke dir: Zuerst lokal testen (das heißt auf deinem Computer) und erst dann ins Internet laden.

Weitere Seiten zur Website hinzufügen

So, wir haben jetzt eine Startseite. Jetzt brauchen wir für jedes Familienmitglied eine eigene Seite.

Das geht mit Fusion kinderleicht. Passt mal auf:

1 Klicke auf den Menüeintrag `Neue Seite`.

2 Sofort erscheint ein neue Webseite, die allerdings noch keinen Namen hat.

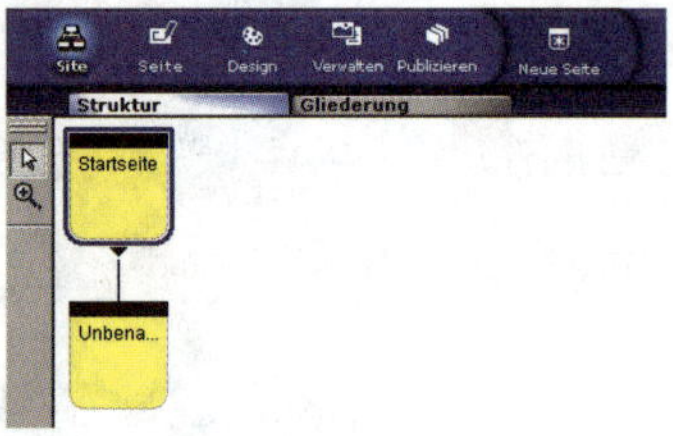

Eine neue Seite wird angezeigt.

3 Erzeuge auf die gleiche Weise noch drei weitere neue Seiten:

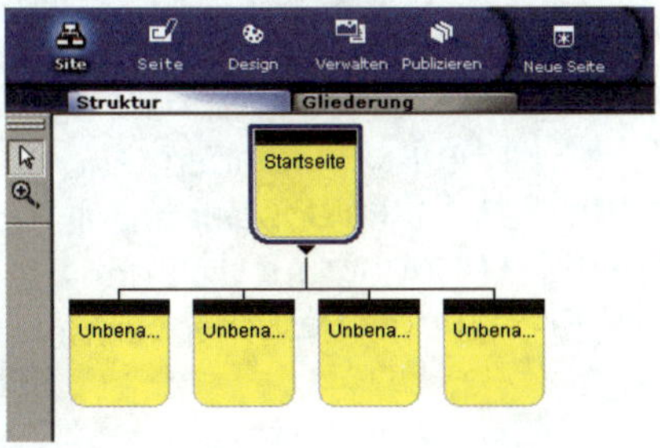

So, jetzt kann jeder seine eigene Seite bekommen.

4 Gib allen neuen Seiten einen eigenen Namen. Klicke dazu die jeweilige Seite an und gib den Namen und einen passenden Titel im Eigenschaften-Fenster an.

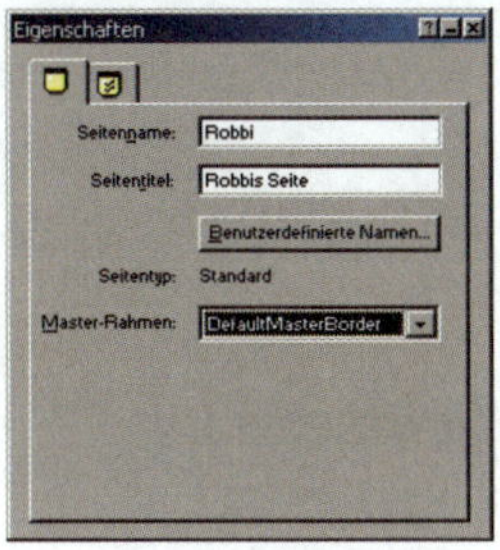

Zum Beispiel: Robbis Seite.

So sollte das jetzt aussehen:

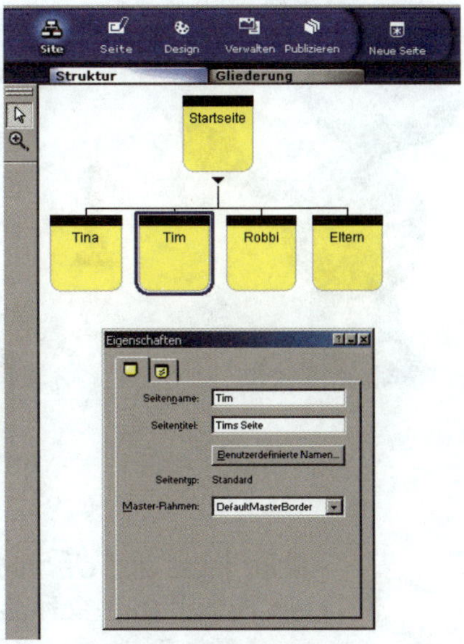

Eine Seite für jeden.

Natürlich könntest du jetzt noch weitere Seiten hinzufügen. Aber für den Anfang sollte das reichen.

Überlege dir schon beim Anlegen einer neuen Website, wo du welche Informationen speichern willst. Es muss immer so sein, dass deine Besucher alles leicht finden können. Auch solltest du vermeiden, Seiten doppelt anzulegen. Das ist nämlich nicht nur für dich doppelte Arbeit, sondern für die Besucher verwirrend.

Die Startseite bearbeiten

So, jetzt wollen wir die Startseite bearbeiten:

1 Klicke das Symbol der Startseite in der Seitenübersicht an, um es zu markieren. Ob es markiert ist oder nicht, erkennst du immer an der blauen Umrandung.

2 Klicke jetzt auf den Menüeintrag Seite; du rufst den Arbeitsbereich damit auf, in dem du die aktuell gewählte Seite bearbeiten kannst.

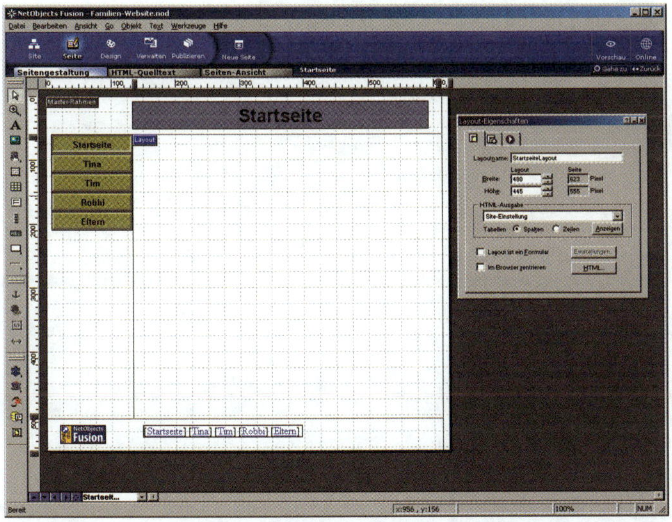

... schon siehst du den Arbeitsbereich für die Startseite.

Die Registerkarten im Arbeitsbereich »Seite«

Wie ihr seht, gibt es auch in diesem Arbeitsbereich mehrere Registerkarten.

Die Registerkarte Seitengestaltung

Beim Start befinden wir uns automatisch auf der Registerkarte »Seitengestaltung«.

Die Registermarken im Arbeitsbereich »Seite«

Auf dieser Registerkarte könnt ihr also die Inhalte der Seite bearbeiten.

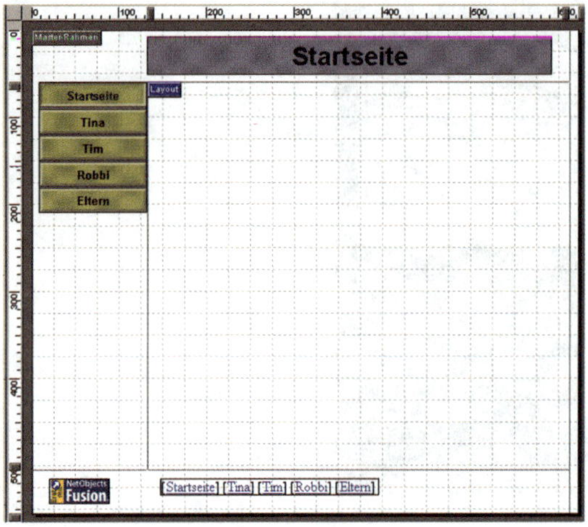

Die Registerkarte »Seitengestaltung«

Die Registerkarte HTML-Quellcode

Auf der Registerkarte »HTML-Quellcode« wird der HTML-Code der aktuellen Seite angezeigt. Den kannst du dir zwar anschauen, aber du kannst ihn hier nicht verändern.

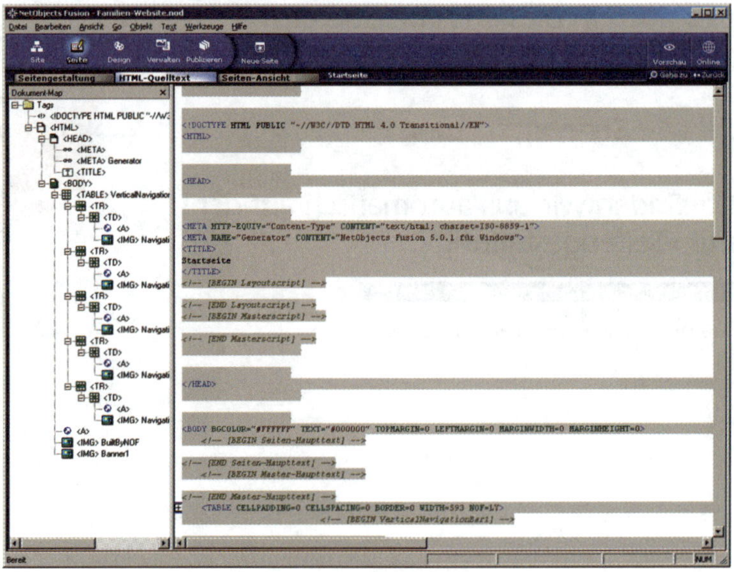

Die Registerkarte Seiten-Ansicht

Auf der Registerkarte »Seiten-Ansicht« kannst du dir schon einmal anschauen, wie die aktuelle Webseite in einem Internet-Browser ungefähr aussehen würde.

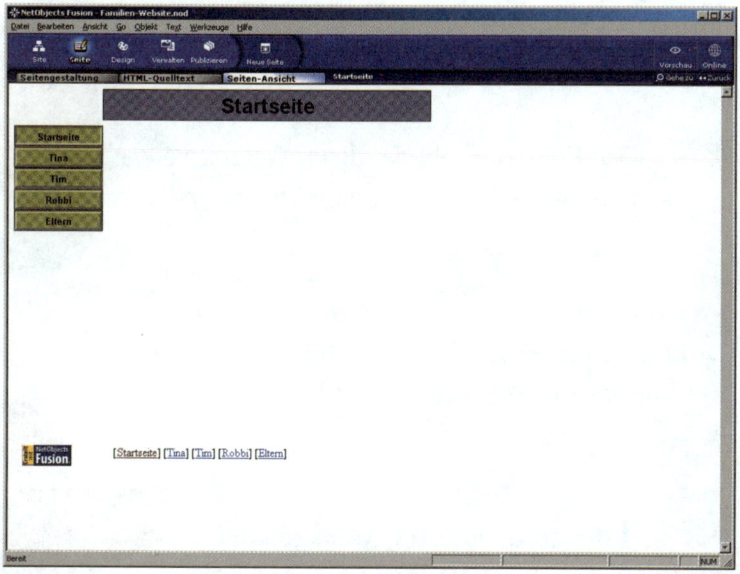

Die Registerkarte »Seiten-Ansicht«

TIPP

Damit du immer einen genauen Überblick darüber hast, wie deine Webseiten in einem echten Browser angezeigt würden, solltest du anstelle der »Seiten-Ansicht« lieber den Menüpunkt »Vorschau« wählen. Dann wird nämlich der Browser gestartet, der auf deinem Computer installiert ist und du kannst die Seiten so sehen, wie sie auch wirklich im Browser angezeigt werden.

Du solltest die Vorschau-Funktion regelmäßig benutzen, um frühzeitig zu merken, ob es ein Problem mit der Anzeige deiner Seiten gibt.

EIN WERKZEUG AUSWÄHLEN

So, als Erstes schreiben wir oben über die Seite »Herzlich willkommen«.

Hmh, wie geht das denn? Wenn ich etwas eintippe, erscheint der Text gar nicht auf der Seite.

Ganz so schnell geht es auch nicht. Seht ihr die kleinen Symbole am linken Fensterrand?

Klar!

Das sind die so genannten Werkzeugleisten. Ihr könnt diese Leisten übrigens ganz bequem mit der Maus an eine andere Stelle auf dem Bildschirm verschieben.

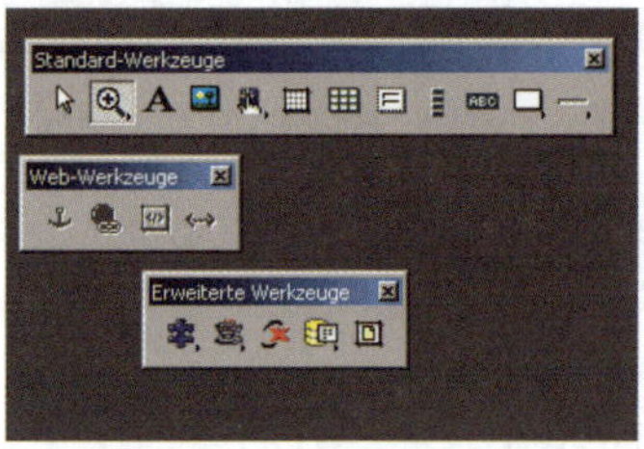

Die Werkzeugleisten

Mit diesen Werkzeugen können wir unsere Startseite bearbeiten.

TIPP

Wenn du mit dem Mauszeiger auf ein Symbol in der Werkzeugleiste zeigst und ein paar Sekunden wartest, erscheint ein so genannter Tooltipp. Das ist ein kleines Anzeigefeld, das dir verrät, was sich hinter dem Werkzeug verbirgt, auf das du gerade zeigst.
Probiere das ruhig ein paar mal aus. Die Tooltipps ersparen dir oft den Griff zum Programm-Handbuch.

So ein Tooltipp verrät dir, was sich hinter einem Symbol verbirgt.

EINEN RAHMEN FÜR EIN NEUES OBJEKT ZIEHEN

Also ist das A-Symbol das Werkzeug für den Text.

Stimmt haargenau. Passt jetzt gut auf, wie's geht.

1 Klicke die Schaltfläche mit dem Symbol »A« aus der Werkzeugleiste `Standard-Werkzeuge` an.

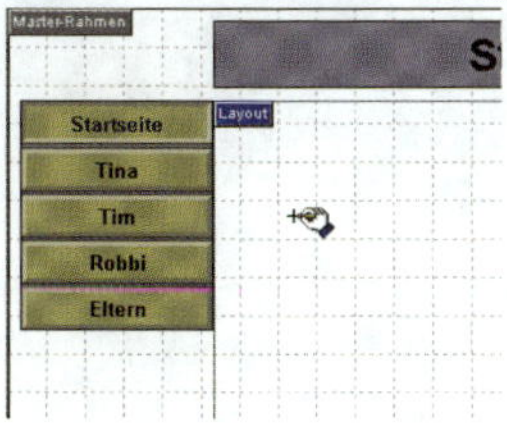

Das Textwerkzeug ist aktiviert. Du erkennst es am veränderten Mauszeiger.

Wenn ihr jetzt mit dem Mauszeiger auf die leere Fläche der Seite zeigt, könnt ihr sofort sehen, wie er sich verändert. Das ist das Zeichen dafür, dass ein Werkzeug aktiviert ist.

2 Bewege den Mauszeiger an den linken oberen Rand der Stelle, an der der Text erscheinen soll. Drücke dann die linke Maustaste und ziehe die Maus nach rechts unten. Schiebe so lange hin und her, bis der dabei entstehende Rahmen die richtige Größe hat.

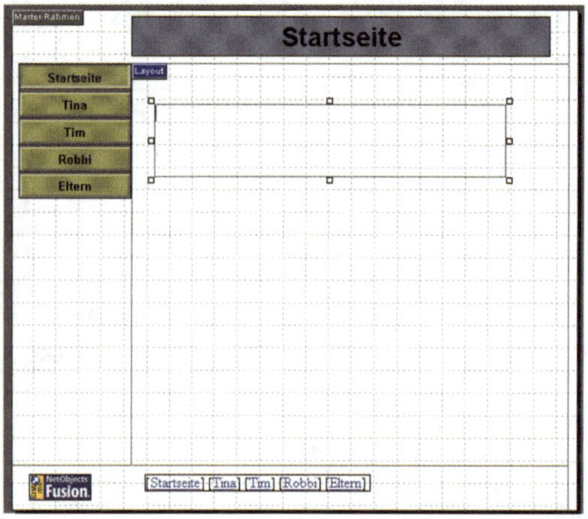

So sieht der Rahmen für den Text jetzt aus ...

Keine Sorge, wenn die Größe beim ersten Mal noch nicht genau stimmt. Ihr könnt sie später jederzeit noch verändern.

Siehst du die kleinen quadratischen Kästchen an den Rändern des Textfeldes? Das sind so genannte »Anfasser«. Wenn du mit dem Mauszeiger darauf fährst, dann die linke Maustaste drückst und sie fest hältst, kannst du die Größe des Rahmens mit der Maus durch Hin- und Her- schieben verändern.

Text eingeben

So, jetzt können wir den Text eingeben. Klicke dazu einfach mit dem Mauszeiger in den Textrahmen.

3

Klicke in den Textrahmen und tippe **Herzlich Willkommen!** ein.

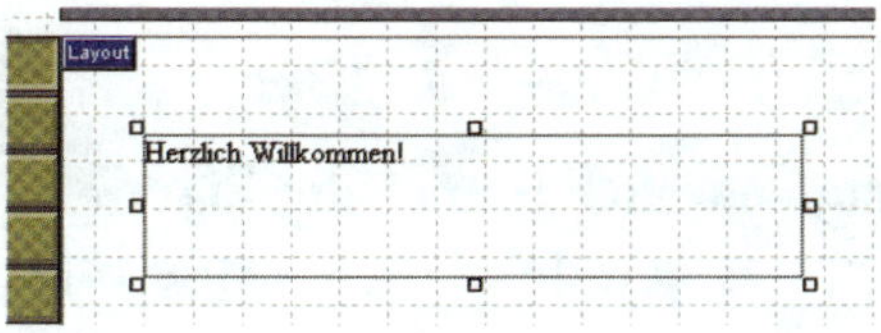

Hey, die Schrift ist ja total klein.

»Herzlich Willkommen«, das muss doch in großen Buchstaben geschrieben werden und möglichst in Rot.

Schaut euch doch mal das Eigenschaften-Fenster an.

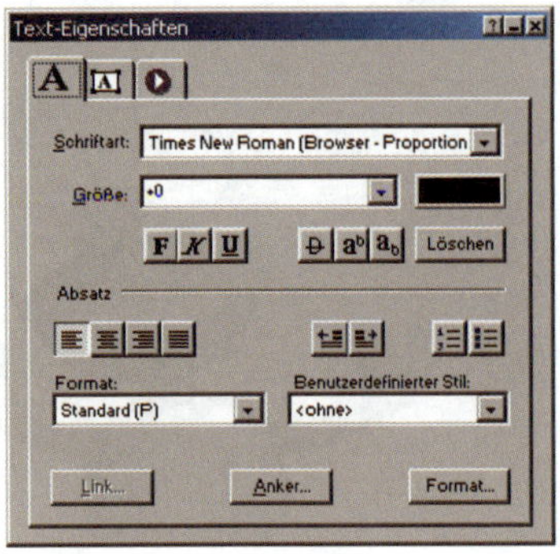

Da wird ja jetzt die Schriftart von unserem Text angezeigt.

Richtig. Das Eigenschaften-Fenster zeigt nämlich immer die Eigenschaften des Objektes auf der Seite an, das gerade aktuell ausgewählt ist.

Das bedeutet dann ja, dass wir im Eigenschaften-Fenster auch die Eigenschaften für unseren Text verändern können.

Du bist wirklich ein helles Köpfchen Tina, du hättest wirklich das Zeug zum Roboter.

Nee, lass mal Robbi. Ein Roboter in unserer Familie reicht wirklich völlig aus.

So verändert man Textgröße und Textfarbe

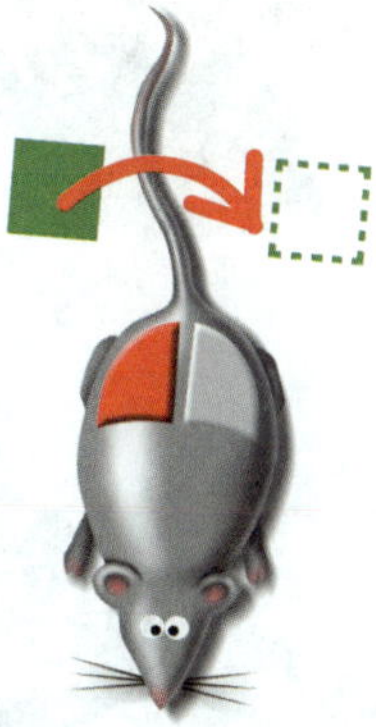

1

Zuerst muss der Text im Rahmen markiert werden. Änderungen an den Text-Eigenschaften werden nämlich immer nur für den Text durchgeführt, der vorher markiert wurde.

Du weißt doch noch, wie Text markiert wird, oder? Ganz einfach. Klicke mit der linken Maustaste, halte die Maustaste fest und ziehe die Maus über den Text Sobald die Buchstaben dunkel unterlegt sind, sind sie markiert.

Zuerst den Text markieren.

2

Jetzt stelle im Text-Eigenschaften-Fenster in dem Feld `Größe` die Größe `+4` ein.

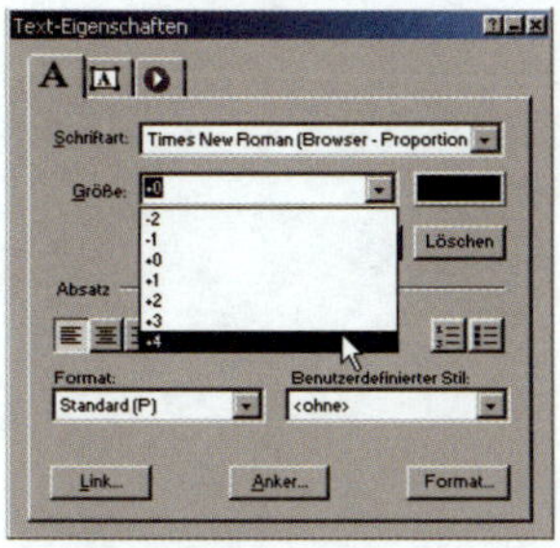

Hier wird die Größe des Textes eingestellt.

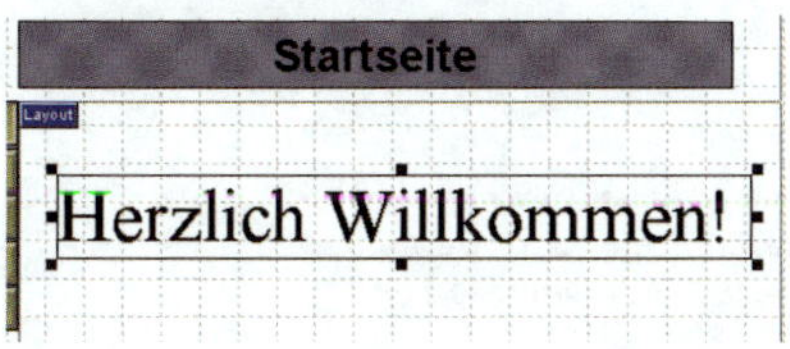

... schon besser, oder?

Wow, das sieht ja schon viel besser aus.

Fehlt nur noch die Farbe. Ich bin für Rot!

Kein Problem!

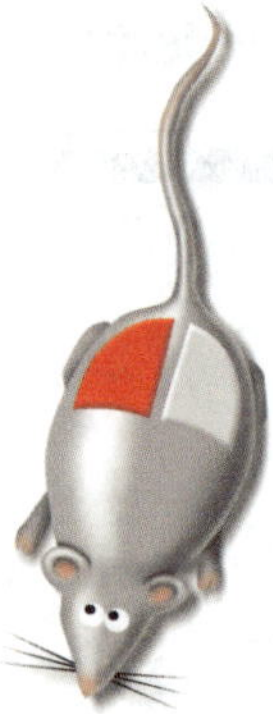

1 Klicke im Text-Eigenschaften-Fenster auf das schwarze Farbfeld neben der Liste mit den Textgrößen.

Es erscheint ein Fenster mit Farben zur Auswahl.

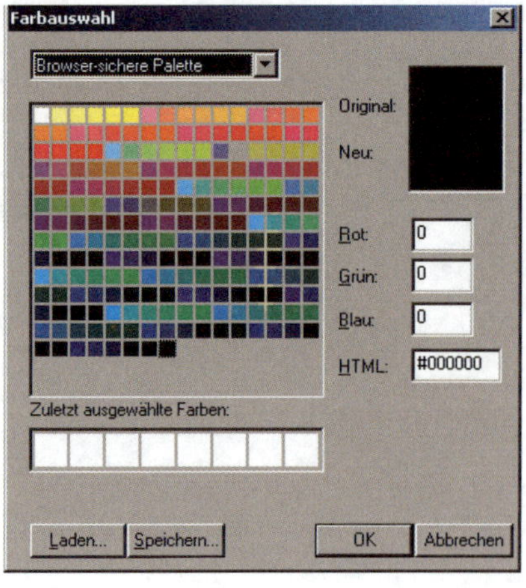

Aus dieser Farbpalette kannst du die gewünschte Textfarbe auswählen.

2 Wähle aus diesem Fenster die gewünschte Farbe für den markierten Text aus, indem du einfach auf die entsprechende Farbe klickst.

TIPP

Du solltest immer nur Farben aus der Palette mit dem Namen »Browser-sichere Palette« auswählen. Nur bei diesen Farben kannst du sicher sein, dass sie bei den Besuchern deiner Website auch genau so angezeigt werden wie auf deinem Computer zu Hause.

3 Klicke jetzt auf OK, um die Farbe zu übernehmen.

4 Der Text in dem Textrahmen ist noch immer markiert. Die Markierung hebst du auf, indem du einfach an eine Stelle neben dem Text klickst.

5 So soll es jetzt aussehen!

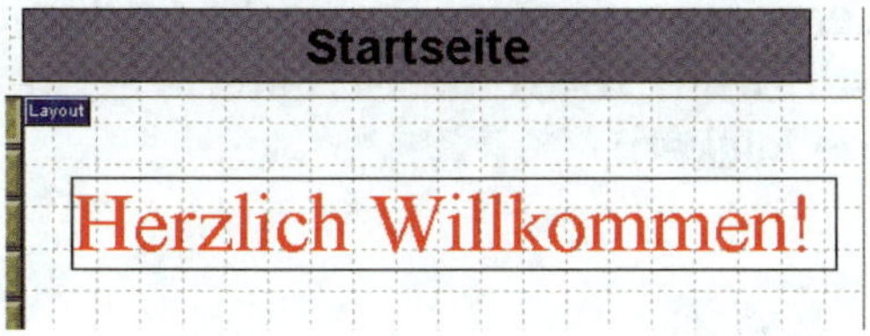

Die weiteren Texte auf der Seite einfügen

6 Ergänze jetzt die Webseite um ein weiteres Textfeld. Es sollte in etwa so aussehen:

Ein kurzer Text sagt dem Besucher, was er auf dieser Website findet.

Bei Fusion kannst du außer der Textgröße und der Textfarbe noch weitere Eigenschaften von Texten festlegen. Man nennt das übrigens Formatieren.

Um sich zum Beispiel die Textzeilen zentriert anzeigen zu lassen, musst du den Text zuerst markieren und dann als Absatzformat »Zentriert« wählen. Das geht übrigens ganz einfach. Du musst nur im Text-Eigenschaften-Fenster auf diese kleine Schaltfläche klicken:

Die Schaltflächen für das Absatzformat. Ausgewählt ist das Format »zentriert«.

7 Markiere das neue Textfeld und klicke anschließend auf das Kästchen für »Zentrieren«.

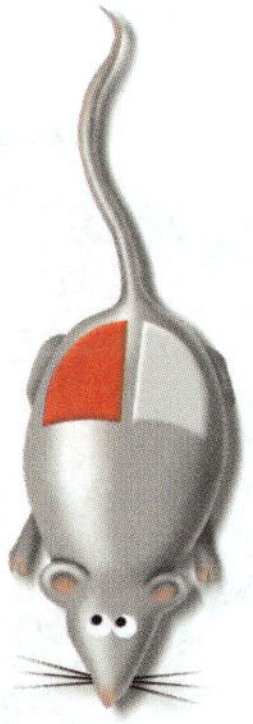

Natürlich kannst du noch mehr Formatierungen an deinen Texten vornehmen. So lange, bis sie genau so aussehen, wie du sie haben möchtest.

Ich habe dir hier einmal die wichtigsten Formatierungen aufgeschrieben. Du kannst sie alle über das Text-Eigenschaften-Fenster erreichen:

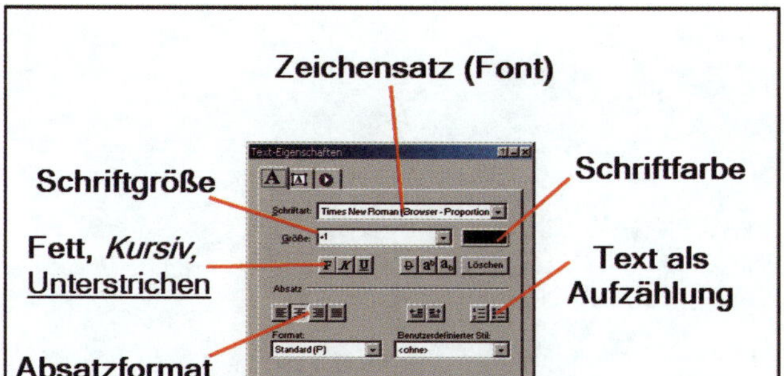

Das sind nur ein paar der Formatierungsmöglichkeiten für Text.

Bei allen Web-Editoren kannst du Texte so ähnlich wie in einem Textverarbeitungsprogramm formatieren. Das heißt, du kannst ihnen eine bestimmte Schriftart, Textgröße und Textfarbe zuordnen.

Es gibt aber auch ein paar wichtige Unterschiede zu einem Textverarbeitungsprogramm. So kannst du die Größe von Texten zum Beispiel nicht in Punkt angeben. Das liegt an der besonderen Darstellungsweise von Texten in Webbrowsern.

Außerdem solltest du vermeiden, deinen Texten irgendwelche besonderen Schriftarten zu verpassen. Wenn die nämlich auf dem Computer des Benutzers nicht vorhanden sind, wird einfach eine Ersatzschriftart zur Anzeige verwendet. Und dann sieht dein schöner Text ganz anders aus, oder er wird sogar fehlerhaft dargestellt.

Bilder auf einer Webseite anzeigen

Wie wär's, wenn wir auf der Startseite Bilder von uns allen anzeigen? Dann sieht jeder sofort, wer zur Familie gehört.

Super-Idee!

Nichts leichter als das!

1 Um ein Bild in deine Webseite einzufügen, musst du zuerst wieder das richtige Werkzeug dafür auswählen. Wähle dazu in der Palette `Standard-Werkzeuge` das Werkzeug `Bild` aus.

Mit diesem Werkzeug kannst du Bilder in deine Webseiten einfügen.

2 Ziehe dann bei gedrückter linker Maustaste ein Bildfeld auf, das ungefähr so aussieht: Lasse die Maustaste wieder los, wenn das Bildfeld die richtige Größe hat.

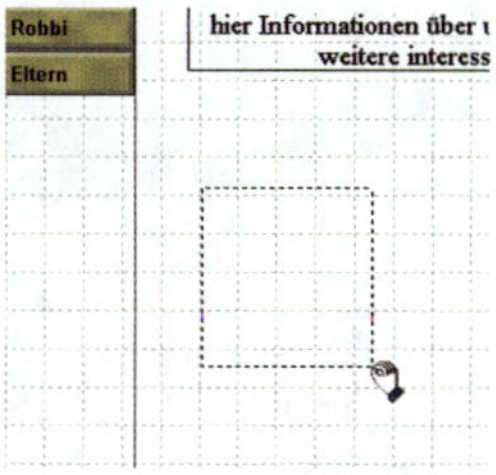

3 Es erscheint dann sofort dieses Dialogfenster:

In diesem Fenster kannst du das Bild auswählen, das du in das Bildfeld einfügen möchtest.

4 Wähle den Ordner `Bilder` auf der CD-ROM aus und lasse dir die Dateien in diesem Ordner anzeigen. In diesem Ordner findest du einige Bilder im GIF-Format. Wähle zuerst das Bild von Tina aus und klicke dann auf `Öffnen`.

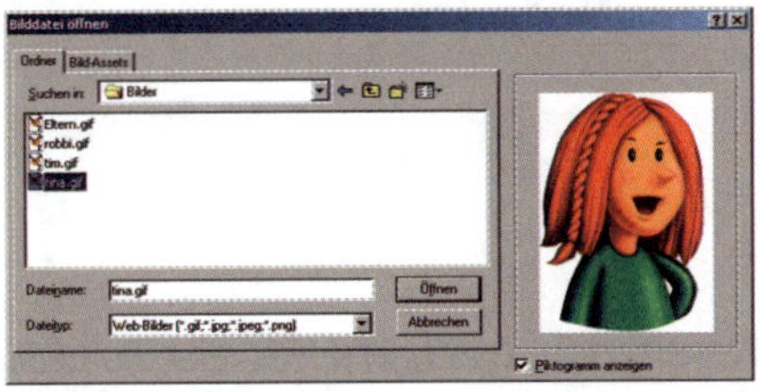

5 Sofort wird das ausgewählte Bild in deinem Bildfeld angezeigt:

So, das erste Bild hätten wir schon mal.

Beim Einbinden von Bildern in deine Webseiten solltest du immer darauf achten, dass sie nicht zu viel Speicherplatz benötigen. Jedes Bild muss ja später von einem Internet-Server über eine Telefonleitung zum Computer deiner Webseiten-Besucher übertragen werden. Deshalb versuchen gute Webseiten-Designer die Ladezeiten dadurch zu verringern, dass sie möglichst Bilder verwenden, die nur wenig Speicherplatz verbrauchen. Das ist besonders bei Bildern der Fall, die entweder im JPG-Format oder im GIF-Format gespeichert sind. Du kannst diese Bilder leicht an der Dateiendung (*.jpg / *.gif) erkennen. Wenn deine Bilder in einem anderen Format vorliegen (zum Beispiel *.bmp), solltest du sie mit Hilfe eines Grafikprogramms in JPG- oder GIF-Bilder umwandeln.

6 Füge jetzt auf die gleiche Art die anderen Bilder ein, so dass es ungefähr so aussieht:

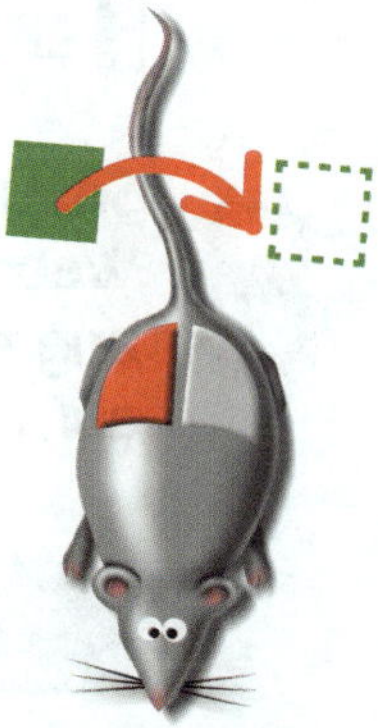

7 So, jetzt fehlen noch ein paar Zeilen Text. Zum Beispiel die Bildunterschriften und ein Text, der dem Benutzer erklärt, was er hier tun muss.

So, Bilder und Texte sind drin ...

8 So, und damit wir einmal sehen können, wie unsere Webseite in einem richtigen Web-Browser angezeigt wird, klicken wir jetzt einmal auf Vorschau:

Werde nicht ungeduldig, es kann einen Augenblick dauern.

Ein Klick auf den Vorschau-Button startet den Browser mit unserer Website. Wow, unsere Webseite im Internet Explorer. Sieht schon echt cool aus!

Hyperlinks zuweisen

Tja, sieht gut aus. Was aber noch fehlt, ist die Möglichkeit, die Bilder anzuklicken und dann auf die entsprechende Webseite zu springen.

Wir sollten also ein paar Hyperlinks einfügen.

Haiper- was?

Hyperlinks. Das sind die Verbindungen zwischen verschiedenen Webseiten. So ein Hyperlink kann zum Beispiel ein Wort sein oder ein Bild. Sobald der Benutzer darauf klickt, wird er sofort zu der Zielseite des Links weitergeleitet.

[Startseite] [Tina] [Tim] [Robbi] [Eltern]

Diese Hyperlinks wurden automatisch auf der Seite erzeugt.

Was sind Hyperlinks?

Einige Hyperlinks haben wir übrigens sogar schon auf unserer Webseite. Die hat Fusion schon automatisch eingefügt.
Hyperlinks in Form von Text werden fast immer in blauer Schriftfarbe und unterstrichen dargestellt. Du kannst das auch ändern. Aber die meisten Leute erwarten, dass Links auf einer Webseite so aussehen.
Links, die der Besucher schon einmal angeklickt hat, erscheinen übrigens automatisch in Lila. Da kann man sofort sehen, wo man schon war und wo nicht.

Beispiele:
Hyperlink
Schon besuchter Hyperlink

So, jetzt werden wir den Bildern und den Bildunterschriften die richtigen Hyperlinks zuweisen:

1 Wähle das erste Bild aus und klicke es einmal an, um es zu markieren.

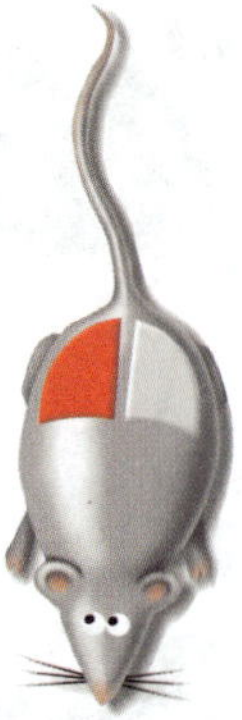

2 Klicke im Fenster `Bild-eigenschaften` auf die Schaltfläche `Link...`.

3 Es erscheint sofort das Link-Auswahlfenster. Wähle hier auf der Registerkarte `Interner Link` die Seite deiner Website aus, zu der der Link führen soll.

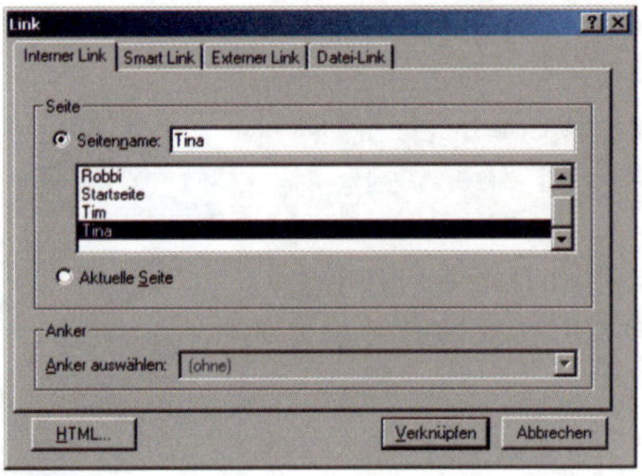

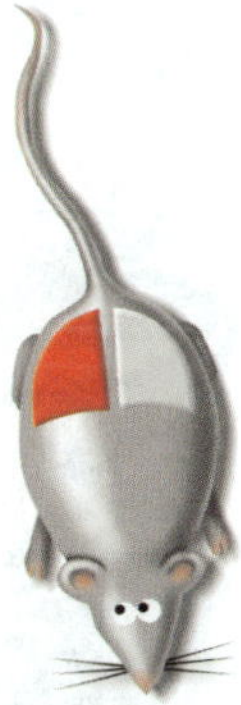

4 Klicke dann auf Verknüpfen, um die Seite mit dem Link zu verbinden.

5 Wie du siehst, wurde dem Bild nun ein kleiner, blauer Punkt mit einem weißen Pfeil hinzugefügt. Das bedeutet, dass das Bild über eine Hyperlink-Verknüpfung verfügt.

Ein Bild mit einer Hyperlink-Verknüpfung

Ab sofort wird ein Besucher bei Klick auf das ausgewählte Bild zu der verknüpften Seite weitergeleitet.

Wie du im Link-Fenster schon erkennen kannst, gibt es verschiedene Möglichkeiten von Links. Die wichtigsten sind interne und externe Links. Ein interner Link führt immer zu einer Seite innerhalb einer Website. Ein externer Link hingegen führt immer zu einer Webseite, die zu einer anderen Website gehört.

Wichtig sind auch noch die Datei-Links. Ein solcher Link führt zu einer Datei, die auf einem Web-Server gespeichert ist. Wird der Link ausgeführt, dann versucht der Browser, diese Datei auf dem Computer des Benutzers zu speichern. Das ist zum Beispiel sehr praktisch, wenn du Besuchern die Möglichkeit geben willst, Dateien von deiner Website herunterzuladen.

Jetzt machen wir aus der Bildunterschrift auch noch eine Hyperlink-Verknüpfung:

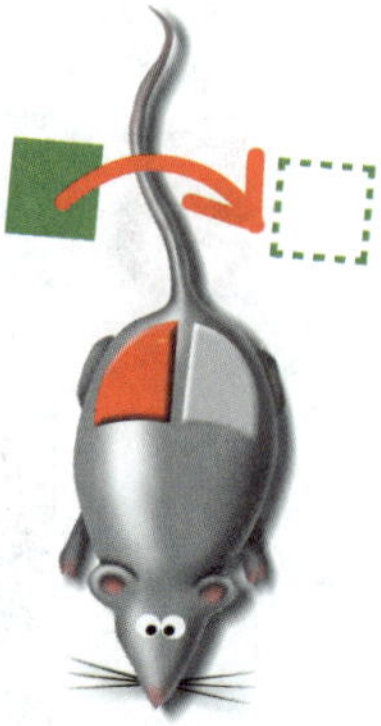

1 Markiere den Text, der unter dem Bild steht.

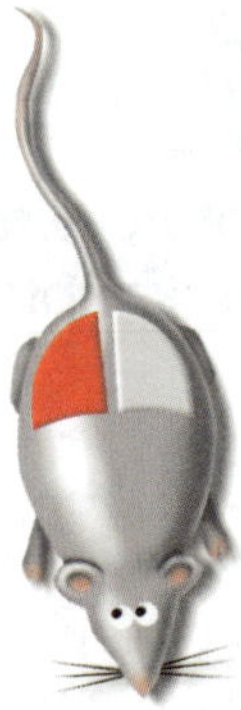

2 Klicke dann auf die Schaltfläche `Link` im Fenster `Text-Eigenschaften`.

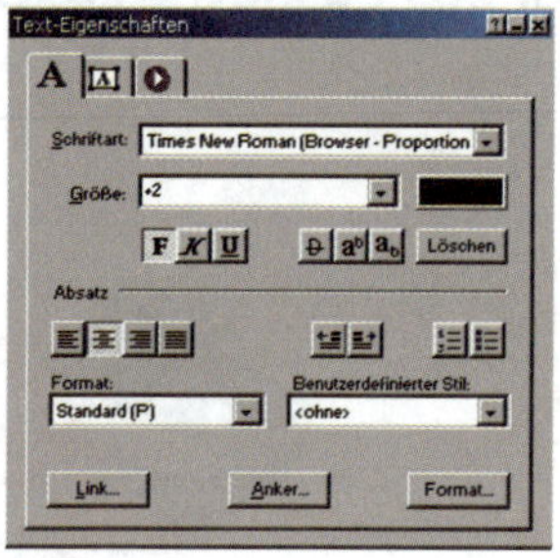

3 Klicke hier auf die Schaltfläche `Link`.

4 Es erscheint wieder das Link-Auswahlfenster. Wähle hier den richtigen Link aus und klicke auf die Schaltfläche `Verknüpfen`.

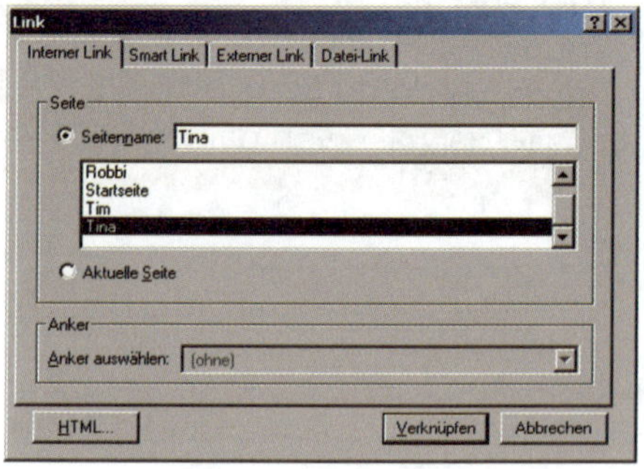

Wähle auch für den Text-Link die richtige Seite aus.

5 Sofort erscheint der ausgewählte Text in Blau und ist unterstrichen. Das ist das Zeichen dafür, dass er mit einer Hyperlink-Verbindung verknüpft ist.

Wiederhole diese Schritte jetzt bitte für die anderen Bilder und Bildunterschriften. Achte darauf, dass jeder Link auch zur richtigen Seite führt.

Wenn du fertig bist, sollte deine Startseite ungefähr so aussehen:

Alle Hyperlinks sind fertig.

Ein Testlauf

So, jetzt wollen wir aber auch einmal ausprobieren, ob das mit den ganzen Hyperlinks auch richtig funktioniert hat.

OK, ich starte die Vorschau.

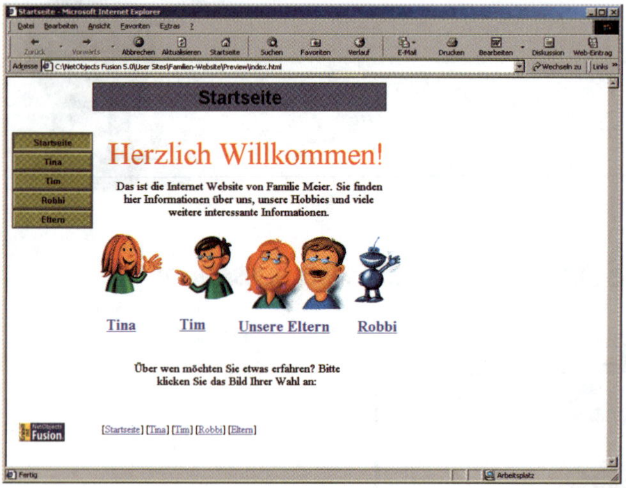

Und jetzt klicke ich mal auf das Bild von Tina ...

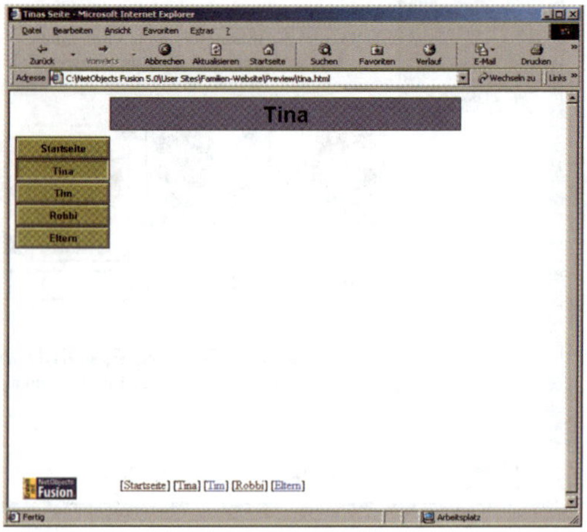

Hey, das hat geklappt. Obwohl meine Seite ja noch ziemlich leer aussieht.

Eins nach dem anderen. Das kriegen wir auch noch hin.

Ist euch eigentlich aufgefallen, dass sich der Mauszeiger verändert hat, als er über das Bild von Tina bewegt wurde?

Klar, immer, wenn auf einer Webseite ein Hyperlink unter dem Mauszeiger ist, wird der Mauszeiger zu einer zeigenden Hand.

Mauszeiger normal

Mauszeiger über einem Hyperlink

Wenn der Mauszeiger auf einem Hyperlink steht, verändert sich nicht nur sein Aussehen. Meist wird auch in der Statuszeile, ganz unten im Webbrowser, die Adresse angezeigt, mit der dieser Link verknüpft ist. So kannst du oft schon sehen, wohin ein Link führt, bevor du ihn angeklickt hast.

Ein Design für die Website wählen

Also ich finde, die Seite sieht nicht schlecht aus, aber die Schaltflächen und der weiße Hintergrund ... Ich weiß nicht so recht.

Stimmt. Besonders die braunen Schaltflächen passen gar nicht zu einer bunten Familie wie uns.

Zum Glück macht Fusion es uns ausgesprochen leicht, das Design der Website zu verändern.

Disein, was ist das eigentlich?

Unter Design versteht man das Aussehen und die Anordnung von Dingen. Unterschiedliches Design bedeutet im Grunde genommen unterschiedliches Aussehen. Aus diesem Grund heißt dieser Menüpunkt auch bei Fusion so. Man kann hier nämlich das komplette Aussehen der Website mit einem Schlag verändern.

Das möchte ich gerne sehen!

Kein Problem.

1 Wechsle in Fusion durch Klick auf den Menüpunkt **Design** in den Design-Arbeitsbereich.

2 Im Arbeitsbereich »Design« siehst du rechts die vielen verschiedenen Schaltflächen, Schrifttypen und Schriftformatierungen, die zum aktuellen Design der Website gehören.

Links siehst du eine lange Liste mit vielen Designs, die du einfach per Mausklick auswählen kannst.

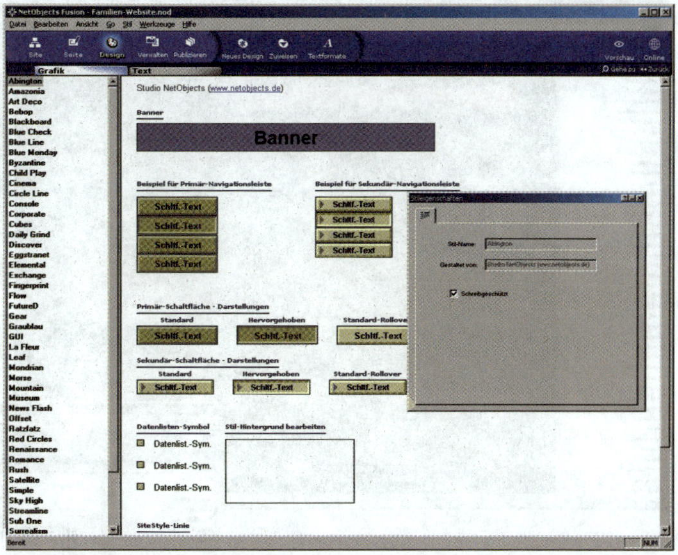

Wenn du ein anderes Design ausgewählt hast, werden automatisch alle Schaltflächen und Textformatierungen deiner Website durch das neue Design ersetzt. Auf diese Weise kannst du deiner Website innerhalb von Sekunden ein völlig neues Aussehen geben.

Ich möchte mal ein paar Designs ausprobieren.

Nur zu, dabei kann nichts kaputt gehen.

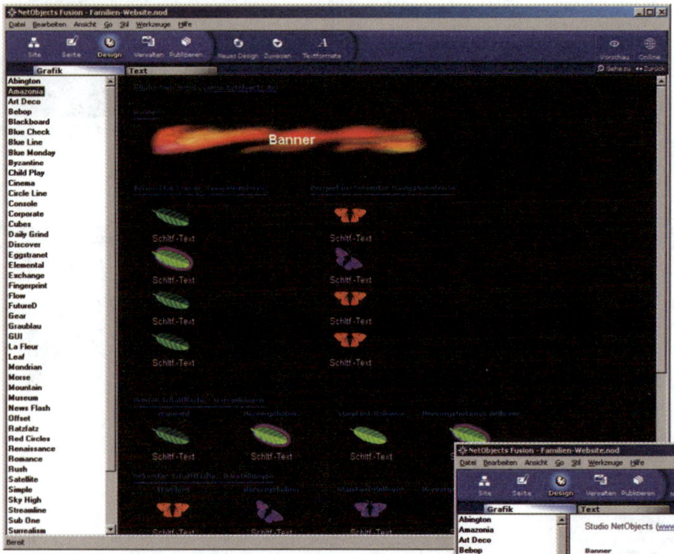

Das Design »Amazonia«. Sieht toll aus. Oder?

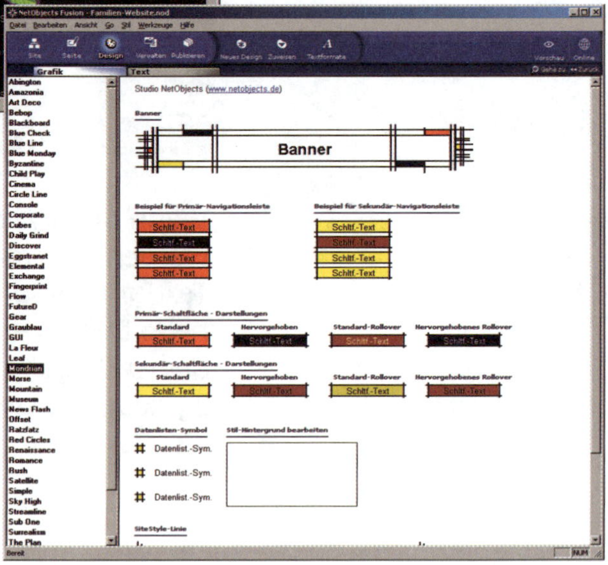

Das Design »Mondrian«. Künstlerisch wertvoll

Mmh, Mondrian? Erinnert mich irgendwie an einen alten Roboter-Kumpel von der Schule, der hat auch immer so gemalt.

Also, ich bin für Amazonia.

Also, ich finde Mondrian besser.

Vielleicht sollten wir einfach zuerst mal ausprobieren, wie denn unsere Website mit diesen Designs überhaupt aussieht:

1 Wähle dazu das gewünschte Design aus und klicke dann auf den Menüpunkt `Seite`.

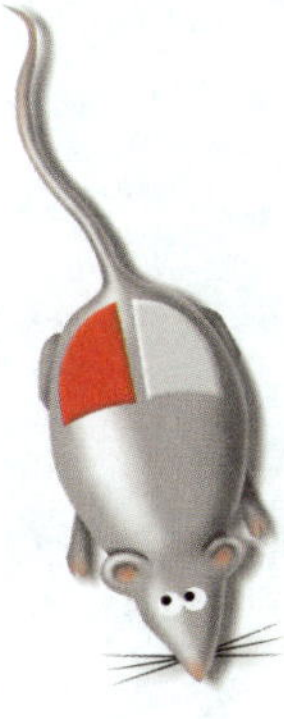

2

Zuerst erscheint diese Sicherheitsabfrage: Klicke hier auf `Ja` .

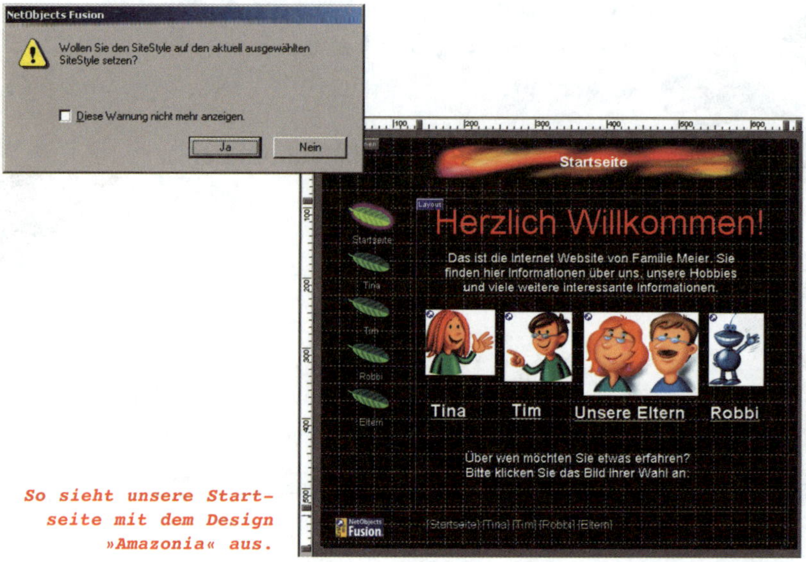

So sieht unsere Startseite mit dem Design »Amazonia« aus.

Und jetzt schauen wir uns mal an, wie die Startseite mit dem Design »Mondrian« aussieht:

Die Startseite im Design »Mondrian«. Auch nicht schlecht ...

Echt cool!

Zugegebenermaßen sieht der helle Hintergrund besser aus bei »Amazonia«. Also OK, überredet.

Eine gute Entscheidung. Mir persönlich gefällt das Mondrian-Design auch besser.

Noch mehr Designs für Fusion

Im Internet werden auf vielen Webseiten weitere Designs für die Arbeit mit Fusion angeboten. Sie werden dort allerdings meistens als »Styles« bezeichnet. Gemeint ist aber das Gleiche. Lass dich also dadurch nicht verwirren.

Wenn du also bei den mitgelieferten Designs nicht das Passende findest, oder wenn du etwas ganz Ausgefallenes suchst, schau mal im Internet nach.

http://www.haus-zur-stadtecke.de/netobjectsfusion/styles/styles.html

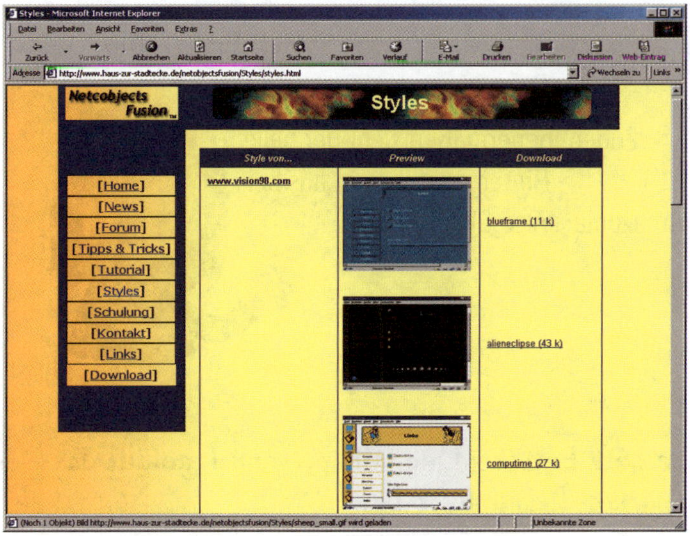

Coole Styles für Fusion.

http://www.NOF-forum.de/freie_styles/freie_styles_1.html

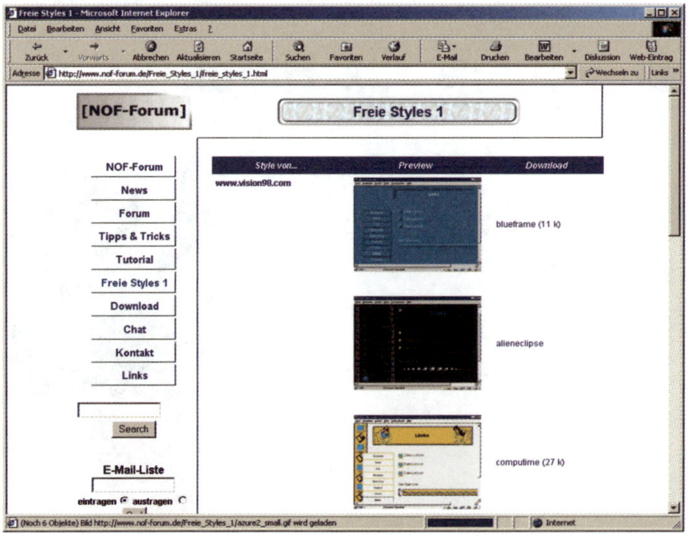

Auch hier gibt's weitere Styles für deine Webseiten.

Bei den Styles für Fusion handelt es sich nicht in allen Fällen um »freie Styles«, die du unbedenklich für deine Webseiten verwenden kannst. Einige Anbieter verkaufen auch Styles, die man dann natürlich erst bezahlen muss, bevor man sie benutzen darf.

Achte also bei der Style-Suche im Internet immer darauf, dass ausdrücklich angegeben ist, dass ein angebotener Style tatsächlich kostenlos heruntergeladen werden kann. Solche Styles werden meist als »freie« Styles oder englisch als »free« bezeichnet.

Neue Unter-Seiten in die Website einfügen

Ich würde vorschlagen, dass wir jetzt die weiteren Seiten der Website bearbeiten. Wer will als erster?

Ich, ich habe schon ein paar gute Ideen für meine Seiten.

OK, mein kleiner Bruder darf zuerst.

Von wegen klein ...

Also, lasst uns mal loslegen.

Ich möchte gerne auf meiner Seite zwei Unterseiten anlegen. Eine zu meinen Hobbies und eine Seite zu meiner Schule.

Dann sollten wir das jetzt auch tun.

1 Wähle den Arbeitsbereich **Site** und markiere Tims Webseite, indem du sie einmal anklickst.

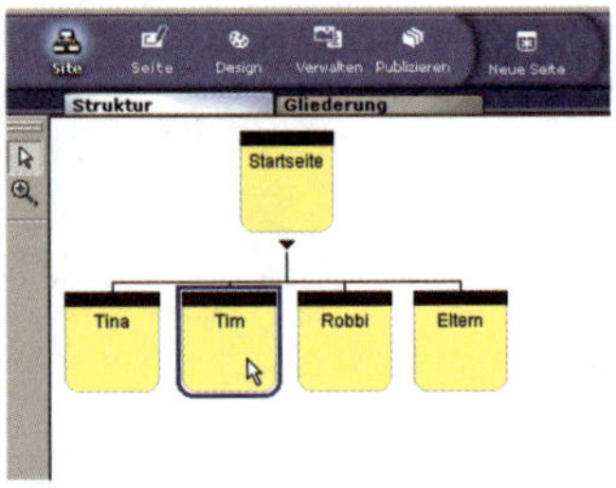

Um neue Unterseiten anzulegen, markiert man zuerst die Seite, von der die neuen Seiten abzweigen sollen.

2 Klicke jetzt auf die Schaltfläche **Neue Seite**.

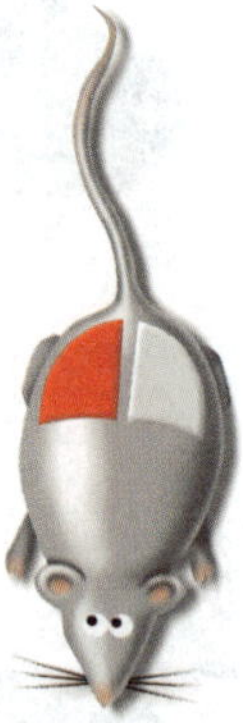

Du siehst, es wird sofort eine neue Unterseite von Tims Seite erzeugt.

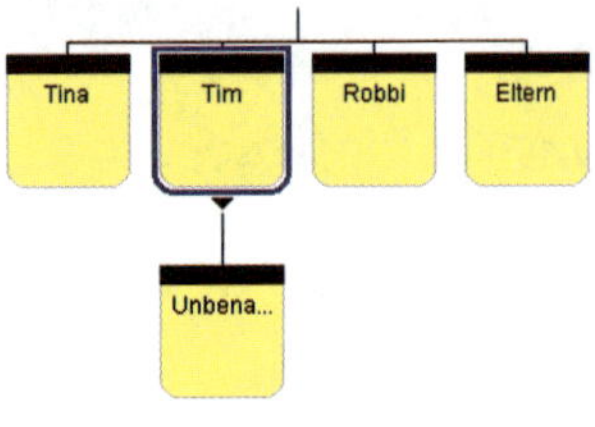

Jede neue Seite hat erst einmal den Namen »Unbenannt«.

3 Klicke noch einmal auf Neue Seite, um noch eine zweite Seite zu erzeugen. Jetzt sind zwei Seiten »Unbenannt« vorhanden.

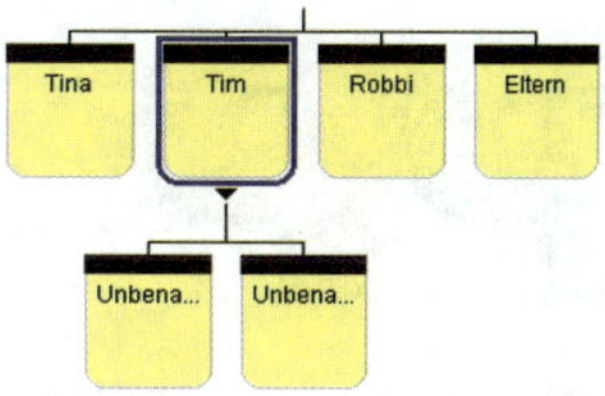

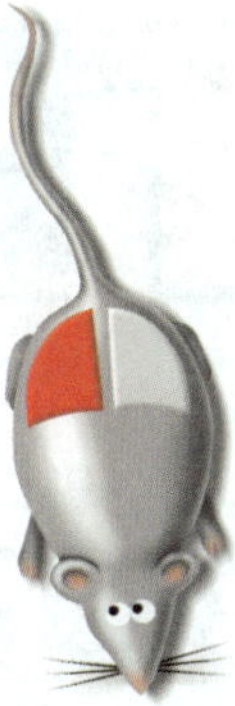

4 Gib den beiden Seiten jetzt die Namen »Hobbies« und »Schule« Benutze dazu wieder das Eigenschaften-Fenster.
Die Site-Übersicht sollte jetzt so aussehen:

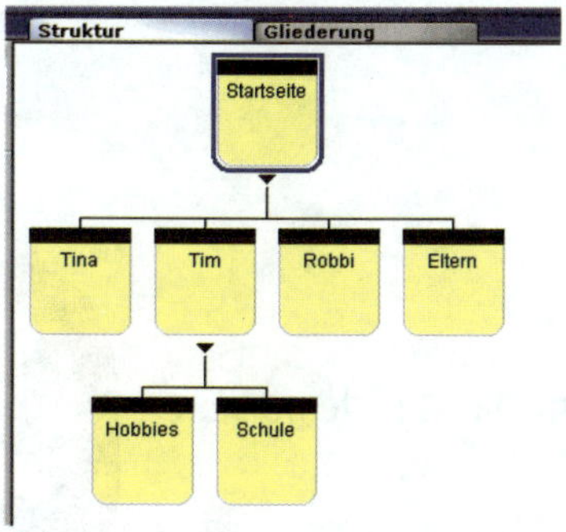

Text-Hyperlinks einfügen

So, lasst uns die Website noch mal im Webbrowser starten. Ich will mal sehen, wie sich meine neuen Seiten so machen.

Na, wisst ihr denn noch, wie das geht? Klar, einfach auf Vorschau klicken und schon wird die Website in dem Webbrowser angezeigt, der auf deinem Computer installiert ist.

TIPP

Wenn du den Vorschau-Button anklickst, während du dich in der Site-Ansicht befindest, startet der Browser immer mit der markierten Seite. Wenn du also die ganze Website sehen willst, solltest du die Startseite markieren. Dann startet der Browser die Website genau so, wie sie später auch ein Benutzer zu sehen bekommt.

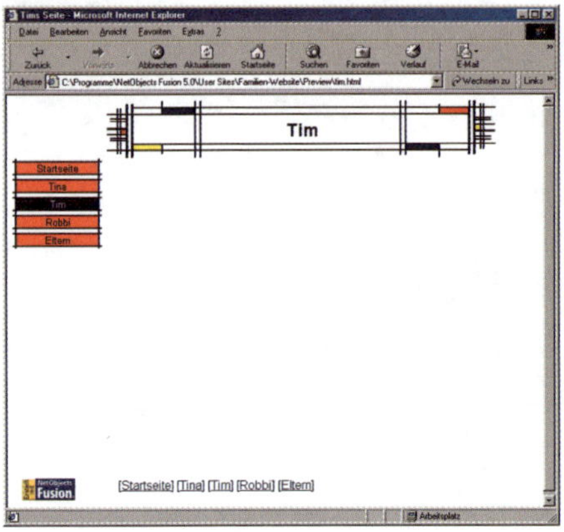

Wo sind die Unterseiten geblieben?

Hey Tim, da ist ja deine Seite.

Ja, aber wo sind meine neuen Unterseiten? Dafür gibt's ja gar keine Hyperlinks.

Stimmt, für Unterseiten unterhalb der Ebene 2 erstellt Fusion keine automatischen Links. Die müssen wir wohl selber auf deiner Seite einfügen.

Wie ich dich kenne, weißt du natürlich schon, wie's geht.

Klare Sache. Ich bin schließlich ein Roboter-Luxus-Modell.

Klar Robbi, nur nicht aufregen.

So fügt man Text-Hyperlinks auf einer Seite ein:

1 Zuerst wählen wir Tims Hauptseite per Mausklick aus und wechseln dann zum Arbeitsbereich Seite. Dort erstellen wir zwei Textfelder:

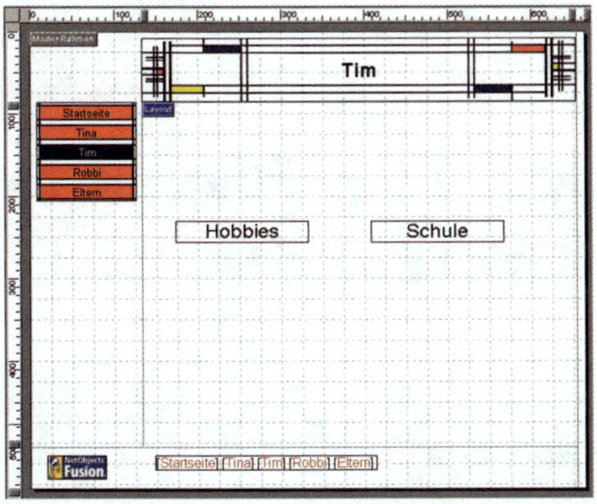

So sollen die Textfelder aussehen ...

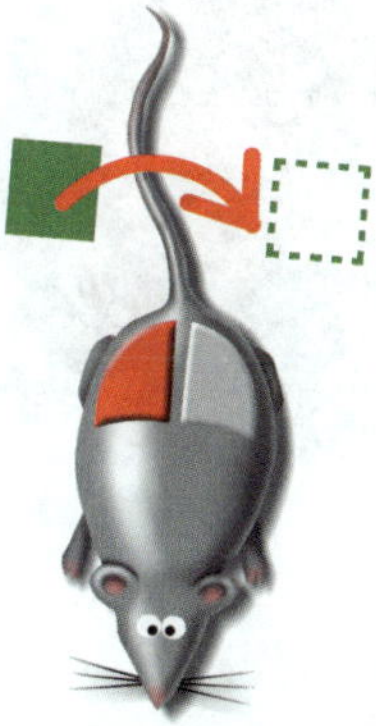

2 Wir markieren jetzt das Wort »Hobbies« und klicken im Eigenschaften-Fenster auf die Schaltfläche Link.

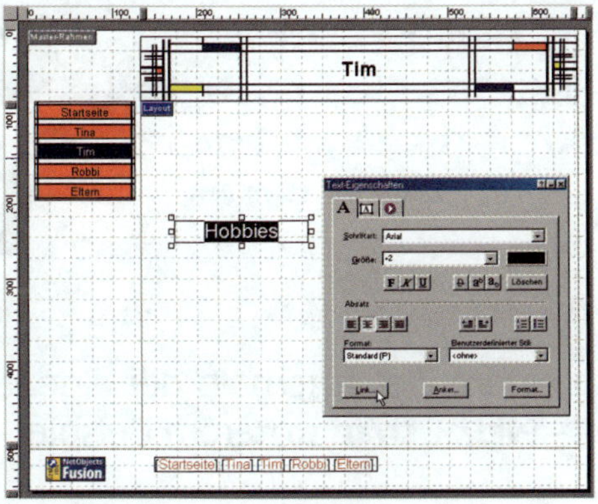

»Hobbies« sind markiert ...

3 Wähle per Mausklick den gewünschten Link aus und klicke auf Verknüpfen.

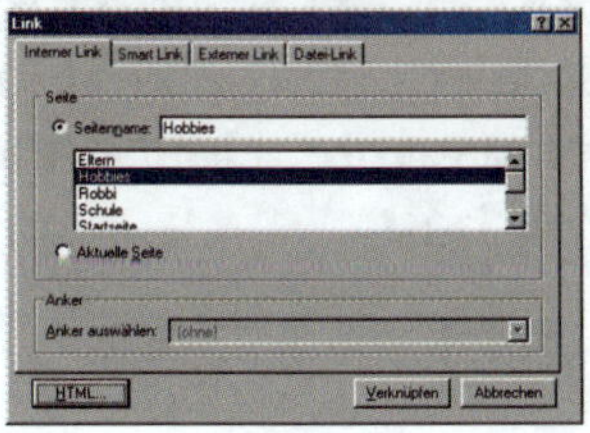

Hier sind die möglichen Links aufgelistet. Ein Klick auf Verknüpfen fehlt noch.

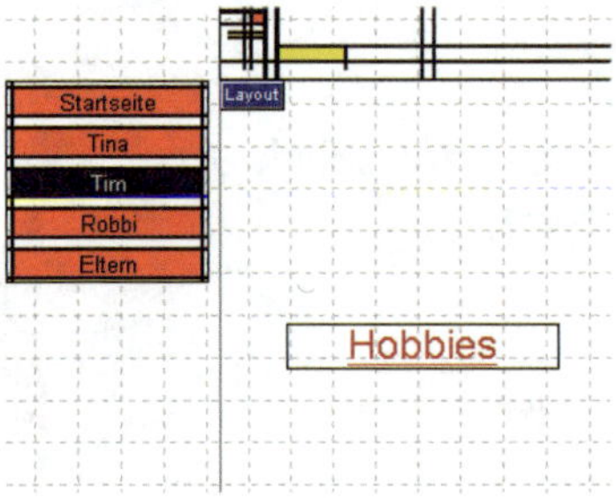

Das hat funktioniert ...

Diese unterschiedlichen Link-Formen kannst du in deiner Website verwenden

Wozu sind denn die anderen Link-Möglichkeiten gedacht, die im Link-Fenster noch angezeigt werden?

Es gibt unterschiedliche Arten von Hyperlinks. Sie unterscheiden sich vor allem darin, zu welchem Ziel sie führen:

Interner Link:
Interne Links führen immer zu einem Ziel innerhalb der eigenen Website. Im Normalfall ist das Ziel – wie auch in unserem Beispiel – eine bestimmte Webseite.

Smart Link:
Smart Links sind eine Besonderheit von Fusion. Bei Smart Links wird das Ziel automatisch vom Web-Editor festgelegt. Das Ziel »Home« führt zum Beispiel immer zur Startseite der Website. Unabhängig davon, wie du diese Seite tatsächlich genannt hast.

Externer Link:

Externe Links führen immer zu Zielen außerhalb deiner eigenen Website. Meistens führen sie zu anderen Websites. Wenn du externe Links auf fremde Seiten anlegst, musst du immer darauf achten, dass auf den Zielseiten nichts Gesetzwidriges zu finden ist. Du könntest dich nämlich dann schon allein dadurch strafbar machen, weil du auf deinen Webseiten einen externen Link auf so eine Seite zeigst.

Datei-Link:

Ein Datei-Link führt, wie der Name schon sagt, immer zu einer Datei. Die Datei kann beim Anklicken vom Benutzer geöffnet oder heruntergeladen werden. Deshalb eignen sich Datei-Links besonders gut dazu, Bilder oder Musikstücke bereit zu stellen. Natürlich ist diese Art von Link auch die Richtige, wenn du Dateien zum Download anbieten willst.

1 Weise jetzt dem Wort »Schule« auf Tims Webseite einen Hyperlink zu, der zur Seite »Schule« führt.

2 Starte jetzt einmal die Vorschau, um zu überprüfen, ob unsere neuen Links auch richtig funktionieren.

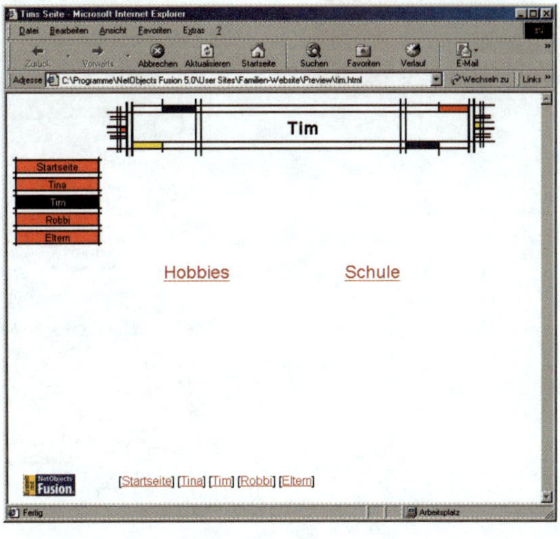

So sieht Tims Webseite jetzt aus.

Das sieht ja schon ganz gut aus. Aber eine Sache verstehe ich nicht so ganz. Ich dachte, die Textfarbe von Hyperlinks wäre immer blau und nicht rot.

Da hast du gut aufgepasst. Bei Fusion wird die Farbe der Hyperlinks durch das ausgewählte Design festgelegt. Deshalb ist sie in unserem Beispiel nicht blau, sondern rot.

Die einzelnen Designs oder Styles von Fusion kannst du noch weiter bearbeiten und verändern. Ändere dazu zuerst im Arbeitsbereich »Design« die Einstellung »Schreibgeschützt«.

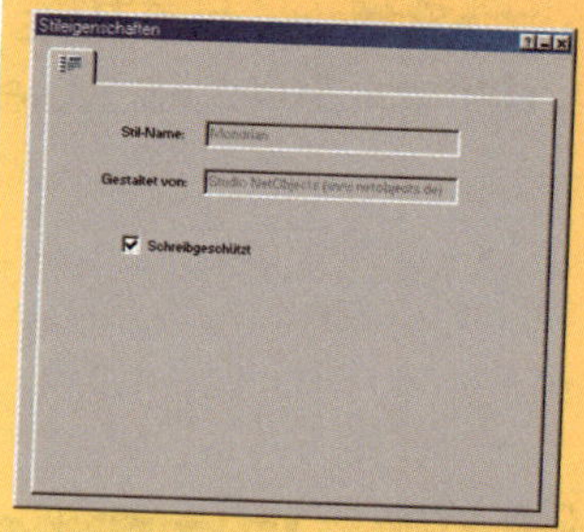

Danach kannst du alle Elemente des aktuell ausgewählten Designs beliebig verändern. Also zum Beispiel auch die Farbe der Hyperlink-Texte wieder von Rot nach Blau ändern.

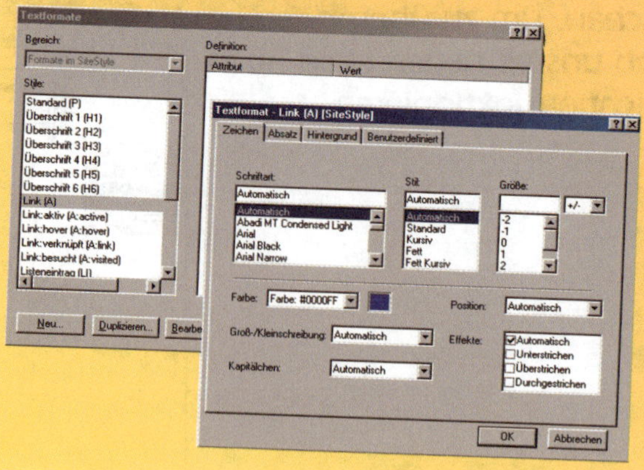

Arbeiten mit Bildern

Wir wär's mit ein paar Bildern für meine Webseite? Ich finde nur, Text sieht irgendwie ziemlich langweilig aus.

Ok, ich erzähle euch jetzt mal ein bisschen was darüber, was man beim Einbinden von Bildern wissen sollte und was man da alles machen kann.

So einfach kannst du Bilder in deine Webseiten einbinden:

1 Wähle aus der Werkzeugpalette das Bild-Werkzeug aus und ziehe damit einen Rahmen an der Stelle, wo das Bild angezeigt werden soll.

2 Wähle in dem jetzt erscheinenden Fenster den Ordner aus, in dem sich deine Bilder befinden. Wähle das Bild aus, das du einfügen willst und klicke dann auf `Öffnen`.

So kannst du verschiedene Bildformate verwenden:

Sicher ist dir schon aufgefallen, dass in unserem Bildauswahlfenster immer nur ganz bestimmte Bilder zur Auswahl angezeigt werden. Nämlich nur solche, deren Dateiendung *.jpg oder *.gif lautet.

Der Grund dafür ist, dass diese Bilddateiformate für die Speicherung und Übertragung im Internet besonders gut geeignet sind. Die Bilddateien sind nämlich in diesen Formaten sehr klein.

Bildformate wie *.tif oder *.bmp sind bei gleicher Bildqualität viel größer. Sie verbrauchen also mehr Speicherplatz und brauchen viel länger, bis sie übertragen worden sind.

Was sind eigentlich Bildformate?

Bilder können in verschiedenen Bildformaten gespeichert werden. Jedes Bildformat wie zum Beispiel BMP, GIF, TIF oder JPG hat eine bestimmte Methode, ein Bild in einer Datei zu speichern. Unterschiede gibt es dabei bei der Bildqualität, aber vor allem bei der Dateigröße der Bilder. Bilder im BMP- oder TIF-Format sind deutlich größer als solche im GIF- oder JPG-Format. Grafikprogramme können Bilder meist in verschiedenen Formaten speichern. Für deine Website solltest du aber immer GIF oder JPG benutzen.

Schaut euch doch zum Beispiel mal diesen netten Vogel an. Ein schönes Bild für eine Webseite. Aber die Datei `Vogel.bmp` ist 921 KiloByte groß. Das würde ja ewig dauern, bis die Webseite angezeigt wird.

Schauen wir uns doch einmal an, wie groß die Bilddatei in anderen Bildformaten wäre:

Vogel als BMP-Datei:	921 KiloByte
Vogel als TIF-Datei:	336 KiloByte
Vogel als GIF-Datei:	151 KiloByte
Vogel als JPG-Datei:	29 KiloByte

Rechts die BMP-Datei mit 921 KiloByte, links die JPG-Datei mit nur 29 KiloByte. Kannst du da einen Unterschied erkennen?

Heißt das jetzt, dass wir Bilder im BMP- oder TIF-Format nicht für unsere Webseiten benutzen können?

Nein, zum Glück nicht. Man kann Bildformate nämlich auch konvertieren.

Konservieren???

Nein, KONVERTIEREN. Das heißt, von einem Format in ein anderes umformen.

Also zum Beispiel von BMP nach JPG?

Genau.

Wie macht man das denn?

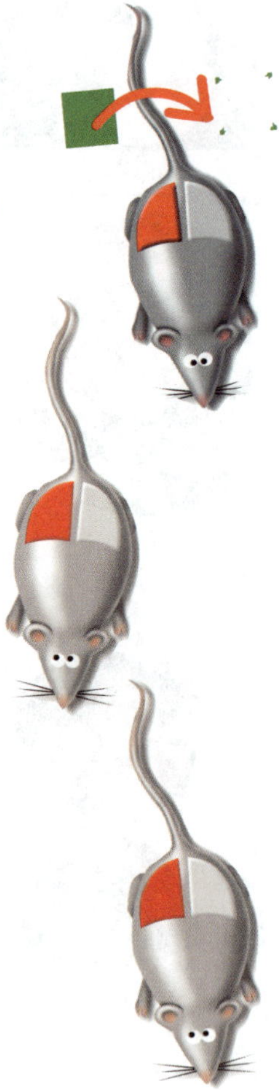

1 Ziehe mit dem Bildwerkzeug wieder einen Rahmen auf deiner Webseite auf.

2 In dem Bild-Auswahlfenster wählst du unter Dateityp `Alle Bildformate` aus, damit auch solche Bilder mit anderen Dateiendungen angezeigt werden.

3 Wähle hier das Bild Tennis.bmp aus.

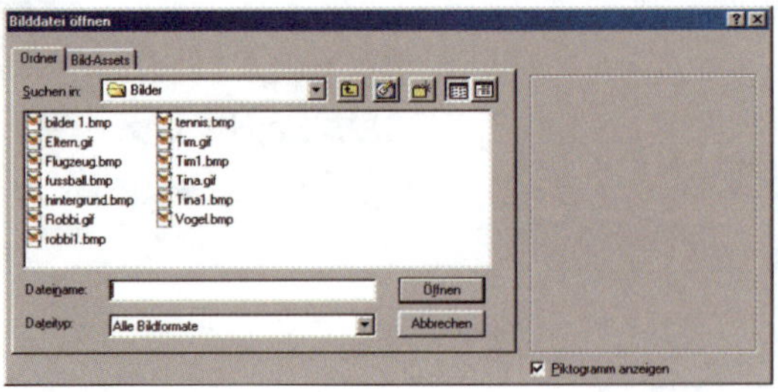

4 Sofort erscheint dieser Dialog:

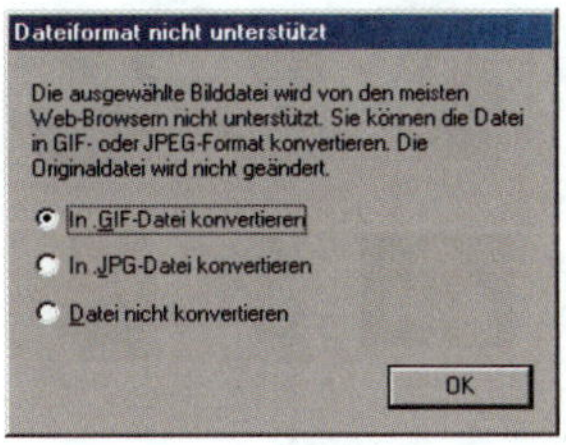

5 Wähle aus, ob du das Bild in eine GIF- oder JPG-Datei konvertieren willst.

Wann nehme ich welche Formate?

Bei der Wahl zwischen GIF- und JPG-Format kannst du einfach nach der Faustformel entscheiden:

Zeichnungen und Grafiken: → GIF

Fotos → JPG

So erzielst du immer gute Ergebnisse.

Übrigens, wenn du einmal sehr viele Bilder von einem Bildformat in ein anderes konvertieren musst, ist diese Methode ein bisschen lästig. Viele Bildbearbeitungsprogramme bieten deshalb die Möglichkeit, zum Beispiel alle Bilder aus einem Ordner mit einem Mal zu konvertieren.

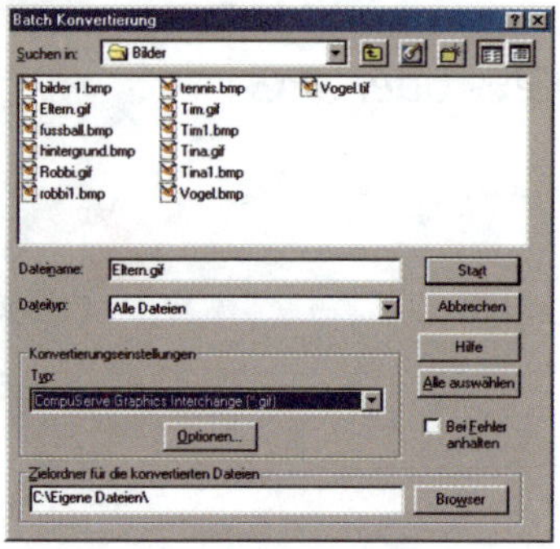

Das Bildbearbeitungsprogramm Paint Shop Pro bietet die Möglichkeit, viele Bilder auf einmal zu konvertieren.

So bekommen deine Bilder die richtige Größe

Welches Bild möchtest du denn nun gerne auf deiner Hobby-Seite anzeigen?

Na, ich kann's mir schon denken ...

Mensch Tina, jetzt hör' doch mal auf. Ich wollte gerne einen Tennisschläger anzeigen. Den habe ich auch schon eingebaut, aber er ist viel zu groß!

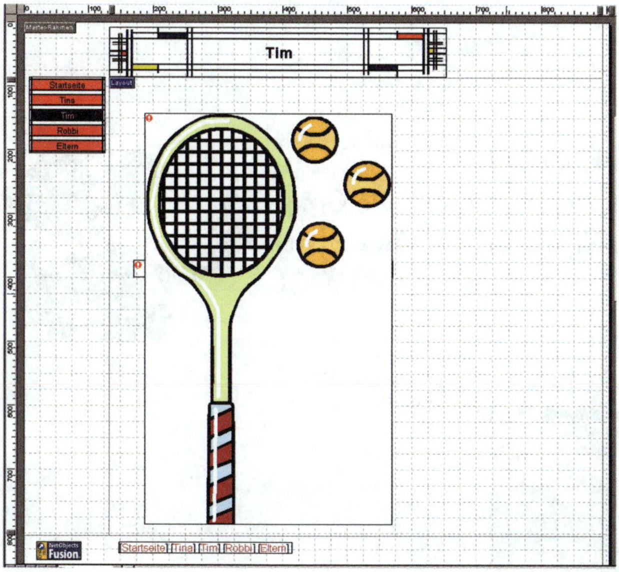

Das Bild ist drin, aber vieeeeeel zu groß!

Ja, das stimmt, der ist wirklich viel zu groß! Das sollten wir ändern.

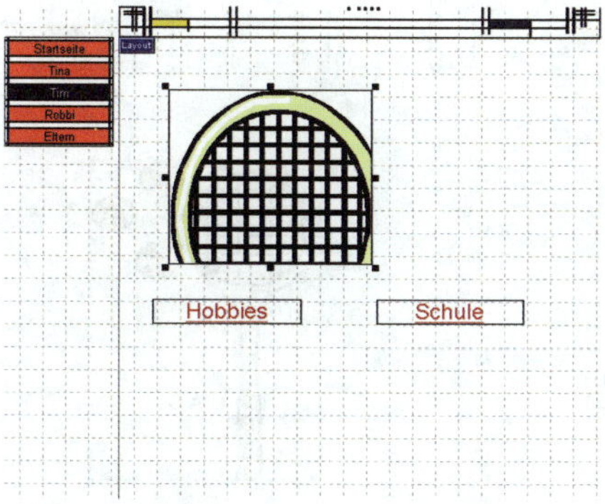

Einfach zusammenschieben funktioniert nicht. Dann ist nur ein Teil des Bildes zu sehen.

Schaut euch mal das Bildeigenschaften-Fenster genau an. Seht ihr da das Anklickfeld mit dem Namen Dehnen ?

Klar und deutlich.

Wenn das Klickfeld [Dehnen] ausgewählt ist, verändert sich die Größe des angezeigten Bildes automatisch so, dass es genau in den Bildrahmen passt.

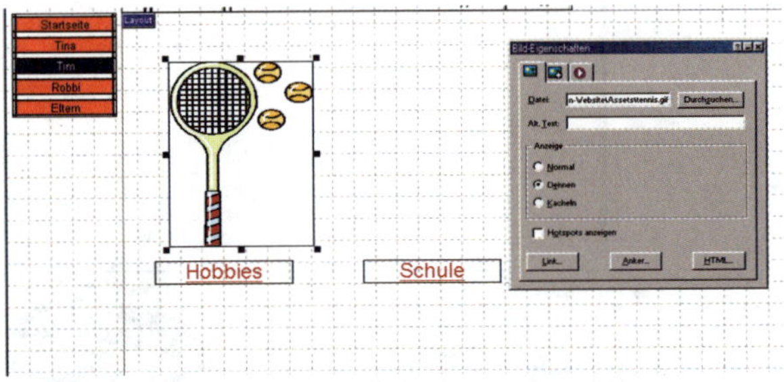

Wenn die Option [Dehnen] aktiviert ist, funktioniert's!

Sobald du den Bildrahmen verkleinerst oder vergrößerst, ändert sich automatisch auch die Größe des Bildes.

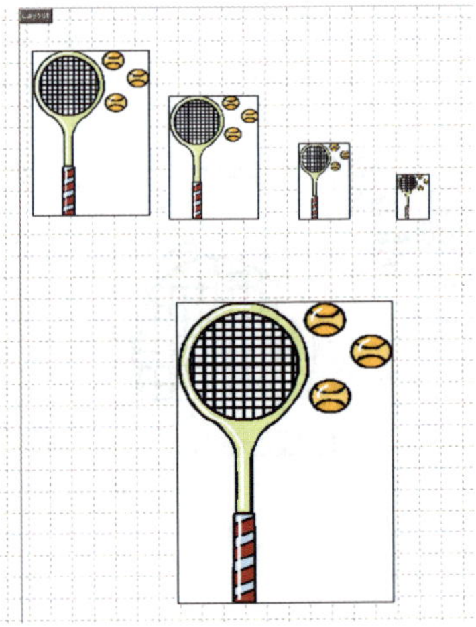

Wenn [Dehnen] aktiviert ist, kannst die Größe (fast) beliebig verändern.

Woher bekomme ich gute Bilder für meine Webseiten?

Jetzt mal angenommen, jemand hat nicht so einen tollen Roboter wie dich, der immer alles aus der Blechtasche zaubert. Wie können denn zum Beispiel andere Kinder an Bilder für ihre Webseiten kommen?

Dafür gibt es verschiedene Möglichkeiten.

1 Selber malen

Das ist am einfachsten. Wenn du gut zeichnen kannst, kannst du mit einem Zeichenprogramm oder auf Papier selbst Bilder für deine Webseiten zeichnen.

Na ja, noch nicht perfekt, aber immerhin selbst gemacht ...

2 Bilder scannen

Wenn du oder deine Eltern einen Scanner besitzten, kannst du leicht Fotos oder selbstgemalte Bilder einscannen und als Bilddatei auf deinem Computer abspeichern.

3 Digitale Kameras

Mit einer digitalen Foto- oder Video-Kamera kannst du leicht die schönsten Fotos auf deinen Computer übertragen und dann als Bilddateien speichern. Dem Einbinden in die Website steht dann nichts mehr im Wege.

4 Clipart-Sammlungen

Clipart-Sammlungen sind Zusammenstellungen von vielen kleinen Bildern zu den unterschiedlichsten Themen.

Clipart-Sammlung zum Thema »Silvester«.

Clipart-Sammlungen werden auch zusammen mit vielen Grafik- und Bildbearbeitungsprogrammen ausgeliefert. Auch Microsoft Office enthält eine umfangreiche Clipart-Sammlung.

Natürlich kannst du auch im Internet viele Seiten mit Cliparts finden:

http://freunde.imperium.de/paradies/galerie/xmas/maenner_01.html

Ein paar Schneemänner gefällig? In dieser Clipart-Sammlung kein Problem.

http://www.clipartconnection.com

Eine Riesen-Clipart-Sammlung. Zwar in englisch, aber leicht zu verstehen.

Benutze Bilder aus Clipart-Sammlungen nur dann für deine Webseiten, wenn die Bilder ausdrücklich dafür freigegeben sind. Im Zweifelsfalle schicke einfach eine kurze Mail an den Künstler, der die Cliparts hergestellt hat und frage um Erlaubnis.

Was machen die Besucher unserer Website denn eigentlich, wenn sie uns eine Mail schreiben wollen?

Genau. Zum Beispiel, um uns mitzuteilen, wie genial sie unsere Site finden.

Für diesen Fall sollten wir einen E-Mail-Link auf der Seite platzieren.

Master-Rahmen und Layout-Bereich

Zuerst musst du dir überlegen, wo der E-Mail-Link zu sehen sein soll. Wenn er überall auf der Website erreichbar sein soll, musst du den Link innerhalb des Master-Rahmens platzieren.

Master-Rahmen? Was soll das denn sein?

Du kannst dir vorstellen, dass die Website in mehrere Bereiche unterteilt ist. Es gibt einen Rahmenbereich, der für alle Seiten gleich aussieht, und es gibt den Layout-Bereich, der für jede Seite neu gestaltet wird.

Also ist der Rahmen sozusagen auf allen Seiten zu sehen, und die einzelnen Seiten sind wie Bilder in dem Rahmen, die immer wieder ausgetauscht werden?

Das hätte ich nicht besser beschreiben können. Dinge, die auf allen Seiten zu sehen sein sollen, müssen nur ein einziges Mal bearbeitet werden.

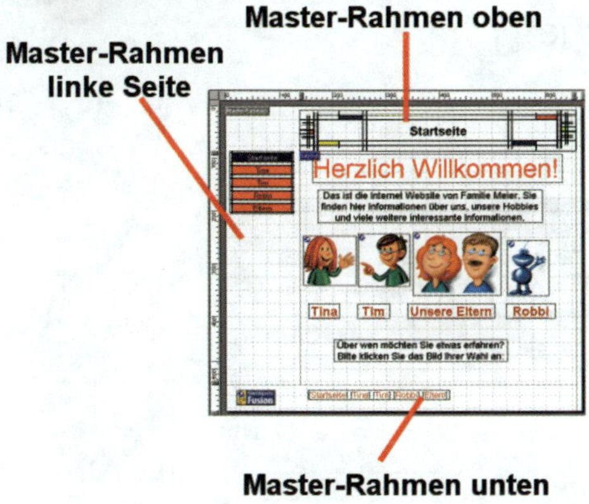

Eine E-Mail-Adresse in eine Webseite einfügen

Also, wenn wir eine E-Mail Adresse für die ganze Familie einfügen wollen, sollten wir sie in einem der Master-Bereiche unterbringen.

Üblicherweise macht man das am linken Seitenrand, unter den Schaltflächen, die zu den einzelnen Seiten führen.

So kannst du einen Text-E-Mail-Link einfügen

1 Erzeuge im Master-Rahmen-Bereich auf der linken Seite ein Textfeld. Schreibe:
`E-Mail an Familie Meier`

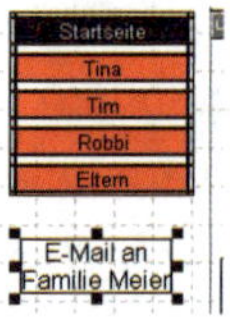

2 Markiere den Text und klicke dann im Text-Eigenschaften-Fenster auf die Schaltfläche `Link`.

3 Wähle dort die Registerkarte `Externer Link` und dann aus der Liste den Eintrag mailto:.

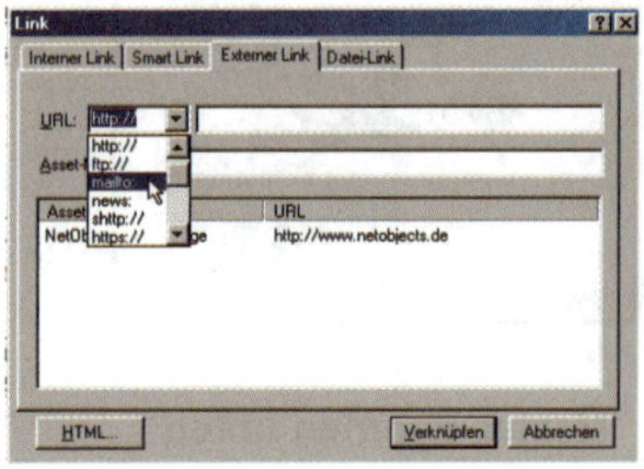

4 Gib jetzt in das leere Feld daneben die E-Mail-Adresse ein. Wenn du das für deine eigene Website oder die deiner Eltern machst, musst du dort natürlich die für euch richtige Mail-Adresse eintragen. Klicke zum Schluss auf `Verknüpfen`.

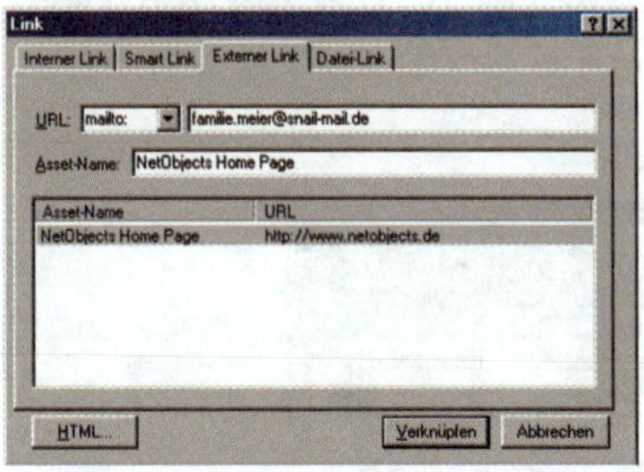

5 Ab sofort erscheint die E-Mail-Adresse auf jeder Seite der Website. Ein Klick genügt und schon startet automatisch das installierte E-Mail-Programm.

Jetzt kann Familie Meier eine E-Mail geschickt werden ...

So kannst du einen Bild-E-Mail-Link einfügen

Wenn du anstatt des Textes lieber ein Bild zum Anklicken der E-Mail-Adresse haben möchtest, ist das kein Problem.

Erzeuge dazu einfach ein Bildfeld innerhalb des Master-Rahmens und zeige dort ein Bild deiner Wahl. Natürlich sollte es sinnvollerweise irgendetwas sein, das etwas mit E-Mail zu tun hat.
Markiere dann das Bild und füge ihm einen E-Mail-Link zu, wie wir das eben mit dem markierten Text gemacht haben.

Da kriegt man doch gleich Lust, eine E-Mail zu verschicken.

Grafische Elemente mit Fusion selbst erzeugen

Wusstet ihr eigentlich schon, dass ihr auch mit Fusion sehr schöne grafische Elemente erzeugen könnt?

Nö, wie geht das denn?

Passt mal gut auf. Wir verschönern jetzt einmal Tims Hobby-Seite:

1 Wechsle zur Seiten-Ansicht von Tims Hobby-Seite. Wähle jetzt aus der Werkzeugleiste das Zeichnen-Werkzeug aus. Klicke es an und halte die Maus gedrückt. Nach kurzer Zeit erscheint eine kleine Auswahlliste mit verschiedenen grafischen Formen.

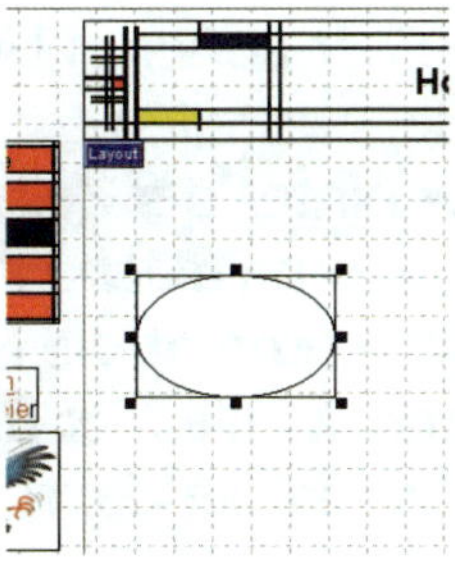

2 Zeichne auf der Seite nun eine Ellipse: Klicke dazu auf eine Stelle im Layout-Bereich der Seite, drücke die linke Maustaste und halte sie gedrückt. Ziehe jetzt die Maus so lange, bis die Ellipse etwa die dargestellte Größe hat.

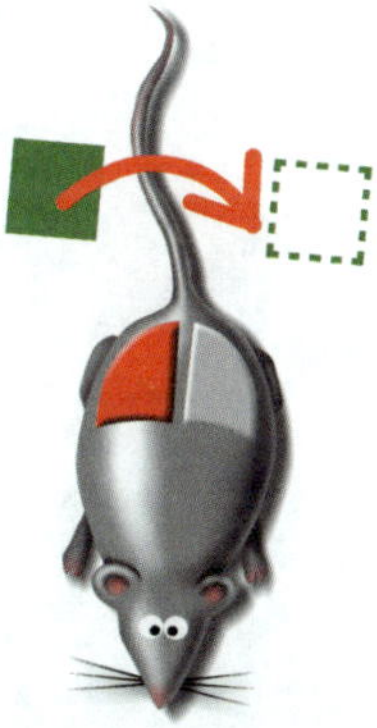

Einer grafischen Form eine Farbe geben

Jetzt werden wir unserer Ellipse mal eine andere Farbe geben. Wie wär's zum Beispiel mit einem angenehmen Stahlblau?

Ohne dich beleidigen zu wollen, Robbi, ich bin eher für Gelb.

OK, Gelb, dann legen wir mal los ...

1 Markiere die Ellipse.

Das Eigenschaften-Fenster mit den Eigenschaften der Ellipse.

2 Im Eigenschaften-Fenster kannst du jetzt die Einstellungen für die Füllfarbe (die Farbe im Inneren der Ellipse) und die Linienfarbe (die Farbe der äußeren Linie um die Ellipse) einstellen.
Klicke hinter der Zeile »Füllung« auf die Schaltfläche [Farbe].
Sofort erscheint die Farbauswahl-Palette. Wähle hier die Farbe Gelb aus und klicke dann auf [OK].

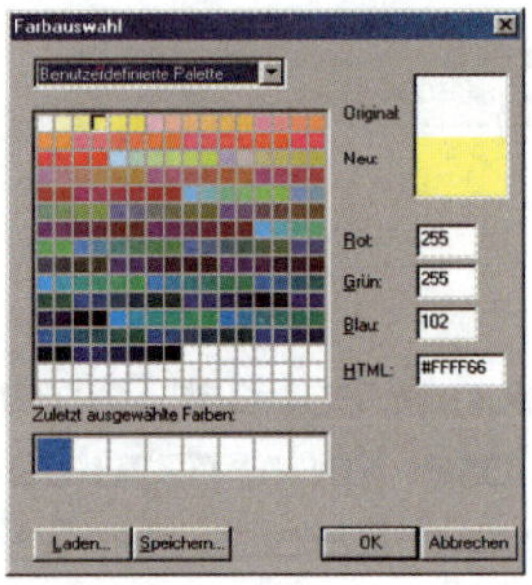

3 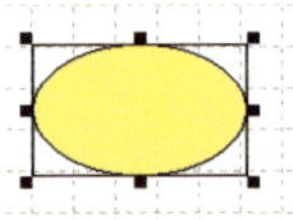

Hat funktioniert. Die Ellipse ist jetzt gelb.

Text in eine grafische Form einfügen

So, jetzt wollen wir auch noch einen Text in die Ellipse schreiben.

Dazu müssen wir doch bestimmt ein neues Textfeld anlegen.

Nein, für Texte in grafischen Formen gibt es bei Fusion eine besondere Funktion:

1 Markiere die Ellipse und klicke im Eigenschaften-Fenster in das kleine Kästchen unter der Überschrift »Text« in Element.

2 Klicke jetzt die Schaltfläche `Einstellungen` an. Es erscheint dieses Fenster, in dem du nicht nur den gewünschten Text eingeben, sondern auch viele andere Einstellungen vornehmen kannst.

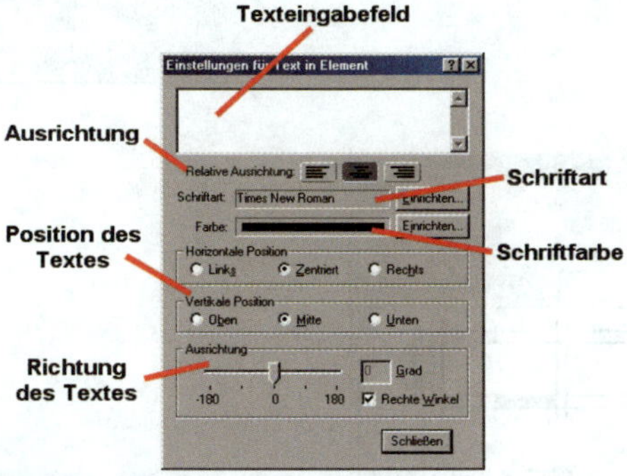

Hier kannst du alle Einstellungen für den Text in der Grafik vornehmen.

Ich zeige dir mal ein paar Beispiele:

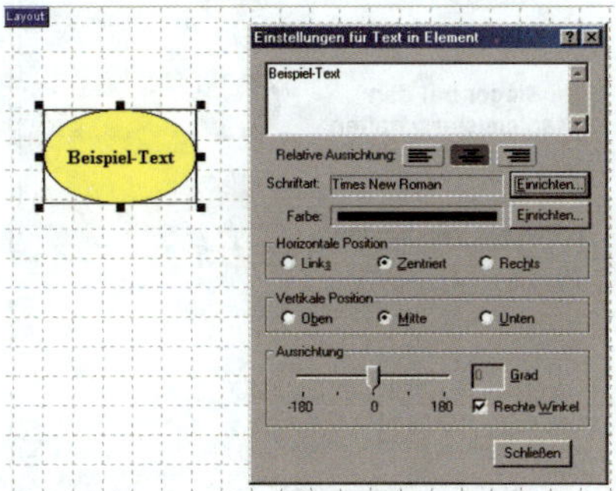

Text zentriert

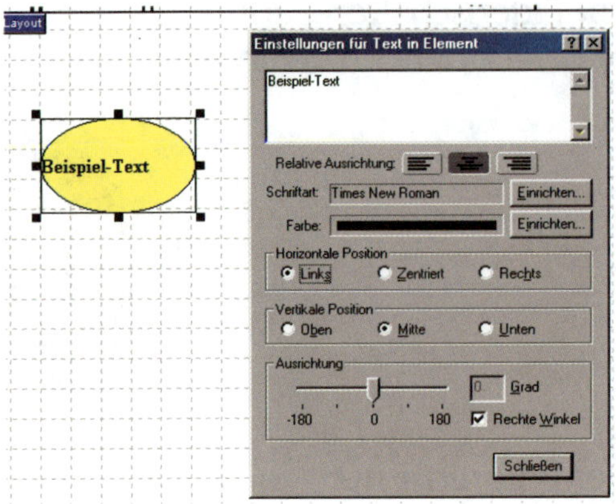

Text linksbündig

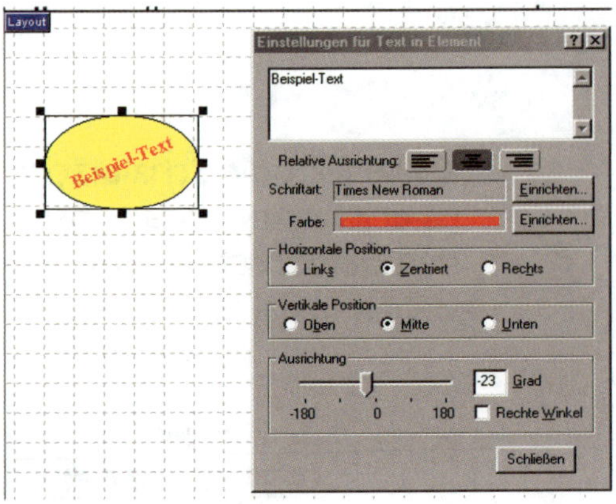

Text rot, zentriert.
Ausrichtung –23 Grad.

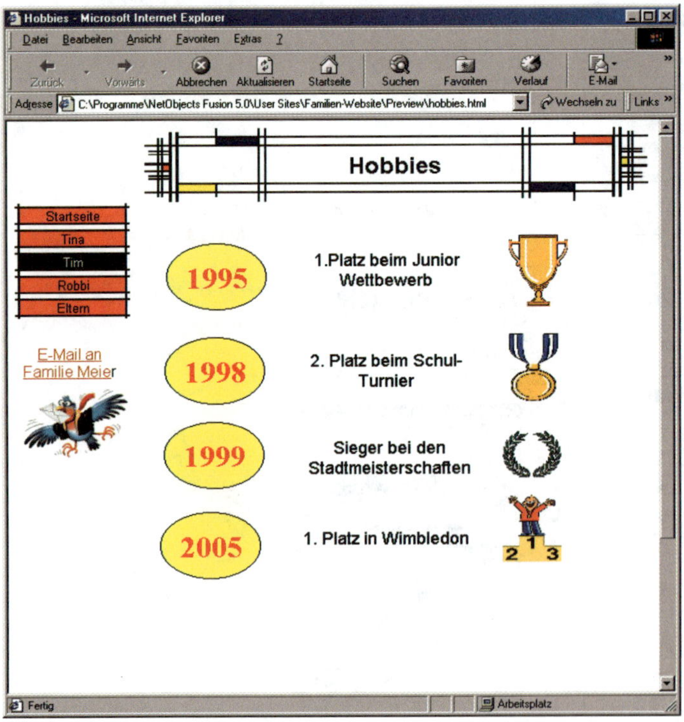

So könnte Tims Hobby-Seite aussehen.
2005 in Wimbledon? Ich glaube, da übertreibt Tim ein wenig.

WEITERE GRAFISCHE FORMEN

Kann man denn außer der Ellipse auch noch weitere grafische Formen mit Fusion erzeugen?

Klar, du musst dazu einfach bei der Auswahl der Form ein anderes Element anklicken.

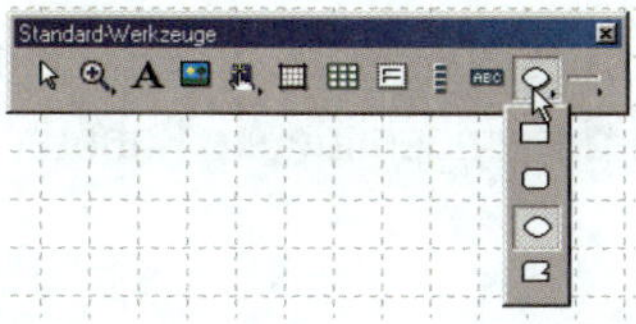

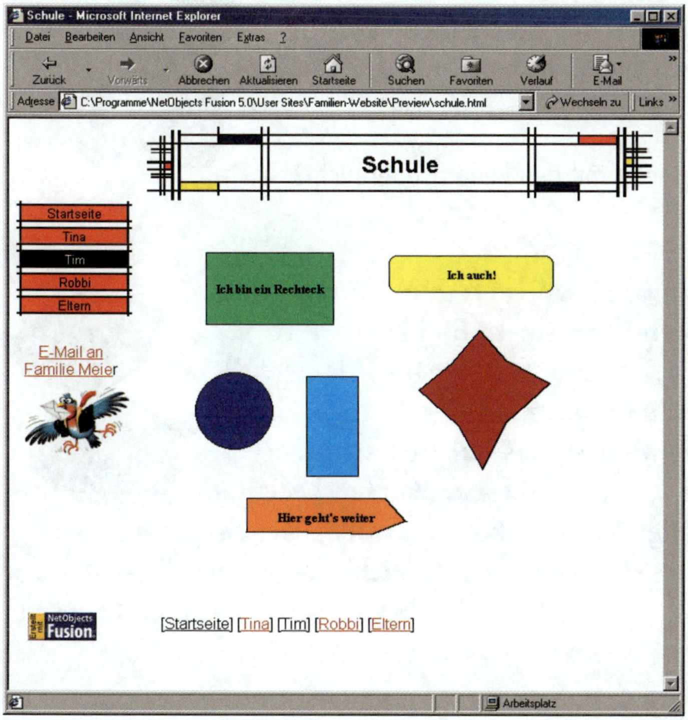

Diese Formen (und noch viel mehr) kannst du mit Fusion erzeugen.

Image-Maps und Anker verwenden

Ich habe mal eine Webseite gesehen, bei der man in einem Bild auf verschiedene Bereiche klicken konnte. Und jedes Mal wurde dazu passend etwas angezeigt. Kriegen wir das auch hin?

Was glaubt ihr denn wohl? Habt ihr schon einmal erlebt, dass Robbi irgendetwas nicht hingekriegt hätte?

Robbi! Jetzt reicht es aber langsam mit dem Selbstlob. Du bist der eingebildetste Roboter, den ich kenne.

Dabei bin ich für einen Roboter doch sogar noch ziemlich bescheiden. Du müsstest mal meine Kumpel aus der Roboter-Schule kennen lernen ...

Zeigst du uns das jetzt mit den Bildern, oder nicht?

OK, aber bitte keine Unterbrechungen mehr! Du kannst in einem Bild bestimmte Bereiche festzulegen, die der Besucher der Seite anklicken kann. Man nennt solche Bilder auch »Image-Maps«, was auf Deutsch soviel wie Bild-Landkarten bedeutet. Wie das funktioniert, zeige ich euch am Beispiel eines Fotos. Na Tim, hast du nicht ein schönes Foto, das wir für deine Schul-Seite benutzen könnten?

Doch, ein Klassenfoto, auf dem ein paar Freunde von mir abgebildet sind. Leider ist es ein wenig unscharf. Ich hoffe, es geht trotzdem.

OK, ich habe das Foto mit einem Scanner schon mal als GIF-Datei auf dem Computer gespeichert.

1 Einfügen des Fotos in die Webseite

2 Lege für jede der abgebildeten Personen einen kurzen Text auf der Webseite an. Das könnte ungefähr so aussehen:

So ähnlich könnte die Beschreibung der einzelnen Personen auf dem Foto aussehen.

Wenn man jetzt jemanden auf dem Foto anklicken könnte und die Seite würde dann automatisch zu der richtigen Stelle springen. Das wäre cool.

Genau das hatte ich gerade vor. Hört genau zu:

So erstellst du einen Ankerpunkt auf einer Seite

Um einen Link zu einer bestimmten Stelle auf der gleichen Webseite zu erstellen, verwendet man so genannte »Anker«.

1 Markiere den Text, der als Ankerpunkt dienen soll, und klicke dann im Eigenschaften-Fenster auf die Schaltfläche Anker.

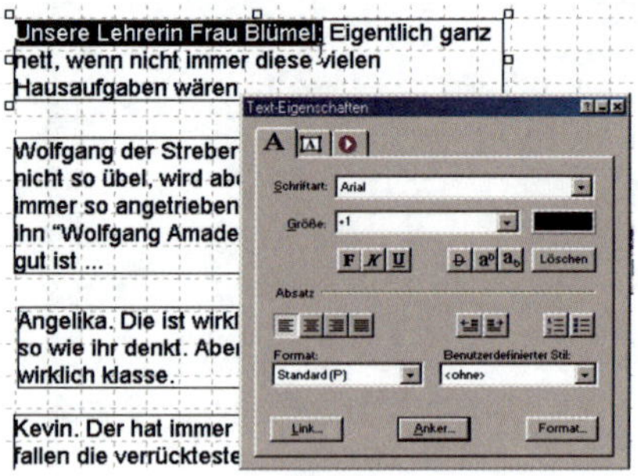

Text markieren und dann auf Anker klicken.

2 Trage in das jetzt erscheinende Fenster den Namen ein, den du diesem Ankerpunkt geben willst.

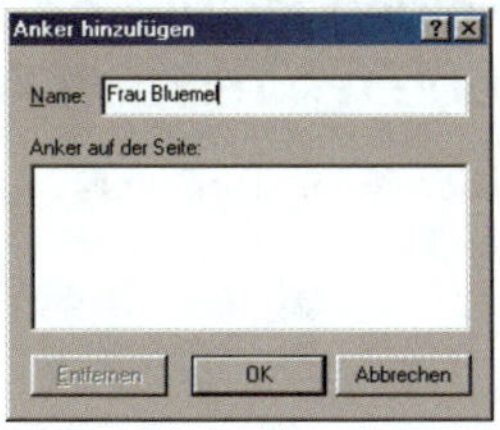

Der Name des Ankers wird hier eingetragen.

3 Wiederhole das für alle anderen Namen auf der Seite. Das Ankerfenster müsste zum Schluss etwa so aussehen:

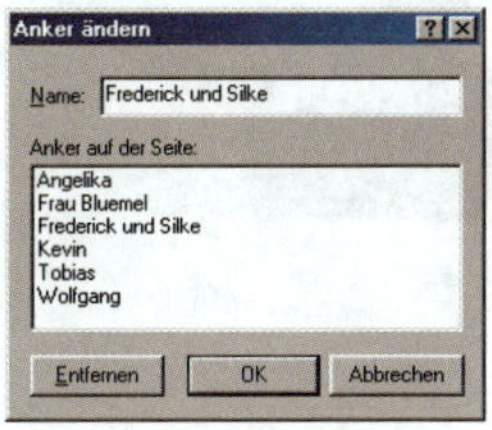

Diese Ankerpunkte befinden sich schon auf der Seite.

4 Erhöhe jetzt ein wenig den Abstand zwischen den Texten und füge dort das Bild Sonne.gif ein, das du im Ordner `Bilder` auf der CD-ROM findest.

5 Das Ganze sieht jetzt ungefähr so aus:

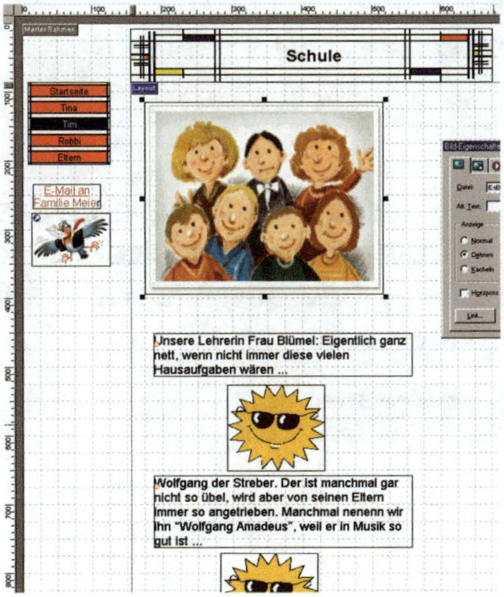

TIPP

Du kannst immer ganz leicht erkennen, ob ein Wort als Ankerpunkt definiert worden ist oder nicht. Alle Ankerpunkt-Wörter haben nämlich einen kleines orangefarbenes Symbol am unteren rechten Rand.

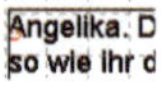

Mit diesem Symbol sind alle Ankerwörter gekennzeichnet.

Fertig sind wir aber noch nicht. Wir haben jetzt erst die Anker festgelegt. Jetzt muss dem Bild noch ein Bereich zugewiesen werden, der zu dem Anker gehört, nämlich der Hotspot.

Hottspott? Was heißt das denn?

Wörtlich übersetzt heißt es »heißer Punkt«. Beim Webseitengestalten meint man damit aber immer einen Bereich, auf den der Benutzer klicken kann, um eine Aktion auszulösen.

So erstellst du einen Hotspot:

1 Wähle aus der Werkzeugleiste das Werkzeug `Hotspot` aus. Du hast drei verschiedene Hotspots zur Auswahl: Rechteck, Kreis oder Vieleck. Wähle für unseren Zweck den Kreis aus.

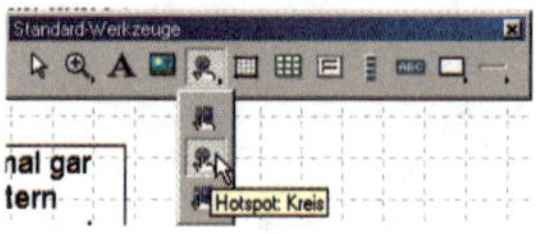

2 Ziehe nun mit diesem Werkzeug einen Kreis um den Kopf von Frau Blümel auf dem Foto:

Ein Hotspot

3 In dem jetzt erscheinenden Link-Fenster wählst du als Ziel Aktuelle Seite aus. Dann wählst du aus der Liste der vorhandenen Anker den richtigen aus. Klicke anschließend auf Verknüpfen.

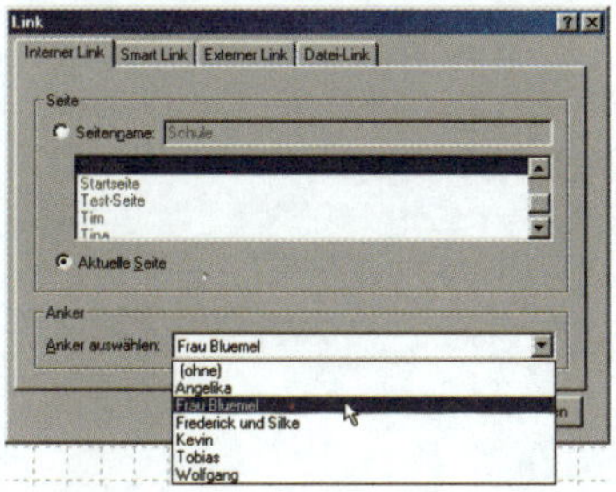

Hier wählst du den Zielanker für den Link aus.

4 Wiederhole das für die restlichen Personen auf dem Foto.

Du kannst die Hotspots auch später noch verschieben oder in der Größe anpassen. Es ist also kein Problem, wenn es beim ersten Versuch noch nicht genau passt.
Damit du die Hotspots während der Arbeit an der Website gut sehen kannst, solltest du im Eigenschaften-Fenster für das Bild die Option »Hotspots anzeigen« aktivieren.

Wenn du die Seite jetzt noch perfektionieren möchtest, kannst du noch Folgendes machen:

Weil es immer sehr lästig ist, nach jedem Sprung zu einem der Namen die Seite wieder ganz nach oben zu rollen, kannst du über jedem Namen einen kleinen Link-Text anzeigen. Wenn der Benutzer darauf klickt, springt die Seite wieder ganz noch oben zum Klassenfoto.

Na, kannst du dir vorstellen, wie das funktionieren könnte? Ich gebe dir einen kleinen Tipp: Auch Bilder können einen Hotspot erhalten und Texte können einen Link enthalten, der aus einem Anker besteht. Na, ist der Groschen gefallen?

Denk mal drüber nach. Wenn du absolut nicht auf die Lösung kommst, kannst du dir die Website auf der CD-ROM anschauen.

Jetzt kommt Bewegung in die Website

Ich habe schon oft auf Webseiten gesehen, dass sich ein Bild oder eine Schaltfläche verändert, wenn man den Mauszeiger darauf bewegt.

Genau. Ein cooler Effekt.

Solche Effekte kann man mit DHTML erzeugen. DHTML ist eine Erweiterung der Seitenbeschreibungssprache HTML.

Solche und ähnliche Effekte auf einer Website sind nur mit einer erweiterten Version der Seitenbeschreibungssprache HTML möglich. Man nennt diese erweiterte HTML-Version auch DHTML. DHTML steht für »Dynamisches HTML«. Das bedeutet nichts anderes, als dass mit diesen Erweiterungen Bewegungen wie Animationen möglich sind.

Du solltest beim Einsatz solcher Effekte aber immer bedenken, dass nicht alle Internet-Browser diese Seiten richtig darstellen können. Insbesondere ältere Browser sind nicht für diese HTML-Erweiterungen geeignet.

Bedenke auch, dass viele dieser Effekte erst sichtbar sind, wenn die ganze Seite schon geladen wurde. Deshalb solltest du dafür nur solche Seiten verwenden, die möglichst wenig Speicherplatz beanspruchen. Sonst muss der Besucher deiner Seite vielleicht zu lange warten und surft dann lieber zu einer anderen Website.

Bei Fusion werden solche Effekte über so genannte »Aktionen« erzeugt. Eine Aktion funktioniert so ähnlich wie die Programmierung mit einer Programmiersprache wie zum Beispiel Visual Basic.

Die Bezeichnungen der einzelnen Vorgänge bei einer »Aktion« sind bei Fusion nicht gerade besonders geschickt ausgewählt worden. Lass dich davon aber nicht verwirren. Schau dir im Folgenden genau an, welche Bedeutung Begriffe wie »Ziel« oder »Meldung« haben. Mache dir keine Gedanken, wenn dir das am Anfang kompliziert vorkommt. Wenn du diese Funktionen ein paar mal benutzt hast, beherrscht du sie schon wie im Schlaf.

1 Das auslösende Ereignis

Eine Aktion wird immer durch ein Ereignis ausgelöst. Solche Ereignisse können zum Beispiel sein:

- Eine Seite wird geladen
- Der Benutzer klickt auf ein Objekt
- Der Mauszeiger wird auf ein Objekt bewegt
- Der Mauszeiger verlässt das Objekt
- Ein Objekt wird mit der Maus gezogen

... und so weiter. Du wirst gleich sehen, dass es noch viel mehr solcher Auslöseereignisse gibt.

2 Das Ziel einer Aktion

Das Ziel einer Aktion ist immer das Objekt, das sich verändern soll, wenn das Ereignis eintritt. Das kann zum Beispiel ein Bild sein, eine Schaltfläche oder irgendein anderes Objekt auf der Webseite.

3 Die Meldung einer Aktion

Als Meldung wird der Vorgang bezeichnet, der stattfindet, wenn die Aktion ausgeführt wird. Eine Meldung kann zum Beispiel sein:

- Ein Objekt wird angezeigt
- Ein Objekt wird verborgen
- Ein Objekt wird eingeblendet
- Ein Objekt wird ausgeblendet

... und so weiter.

4 Die Parameter einer Aktion

Parameter sind weitere Angaben, die genau festlegen, wie die Aktion ausgeführt werden soll. Parameter können zum Beispiel festlegen, wie lange eine Aktion dauern soll oder mit welcher Geschwindigkeit sie ausgeführt werden soll.

Rollover-Effekte einfügen

Ein oft eingesetzter Effekt ist der, dass sich ein Bild oder eine Schaltfläche verändert, wenn der Benutzer den Mauszeiger darauf bewegt.

So etwas nennt man auch Rollover-Effekt.

Weil man mit dem Mauszeiger über das Objekt fährt?

Richtig. Soll ich euch zeigen, wie ihr solche Rollover-Effekte auch mit Fusion erzeugen könnt?

Ja bitte.

OK, dann spitzt mal die Ohren:

1 Lege eine neue Webseite mit dem Namen »Rollover-Effekt« in der Familien-Website an. Oder öffne eine ganz neue Website und erstelle dort eine Seite mit dem Namen »Rollover-Effekt«.

2 Füge in die Seite das Bild gluehbirne_2.gif ein. Das findest du im Ordner (Bilder) auf der CD-ROM.

3 Deine Seite sollte jetzt ungefähr so aussehen:

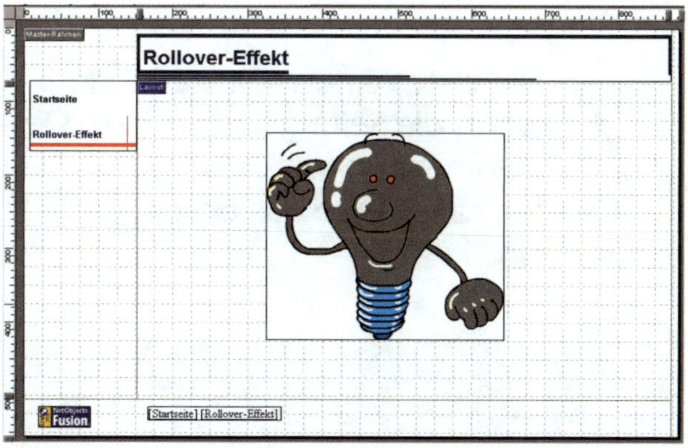

4 Markiere das Bild und klicke im Eigenschaften-Fenster auf das kleine Dreieck im lilafarbenen Kreis:

Mit einem Klick auf diesen Kreis holst du die Registerkarte »Aktionen« nach vorne.

5 Trage unter »Objekt-ID« ein: Gluehbirne_Aus

6 Klicke auf [+], um für dieses Objekt eine neue Aktion zu erzeugen.

7 Die erste Aktion soll stattfinden, wenn die Seite geladen wird. Deshalb nennen wir diese Aktion Seitenstart. Trage das unter [Name] ein.

8 Jetzt wollen wir festlegen, bei welchem Ereignis diese Aktion ausgeführt werden soll. Da dies bei jedem Seitenstart passieren soll, wählst du aus der Anlass-Liste [Seite geladen] aus.

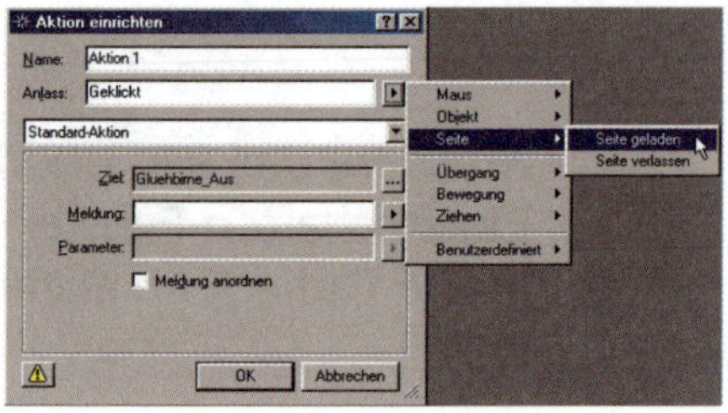

Hier kannst du das Ereignis auswählen, bei dem die Aktion stattfinden soll.

9 Das Ziel für die Aktion auswählen

Hier ist automatisch schon das richtige Ziel, nämlich das Bild Gluehbirne_Aus ausgewählt. Wenn das nicht der Fall sein sollte, kannst du mit Klick auf die Schaltfläche mit den drei Punkten das gewünschte Ziel auswählen.

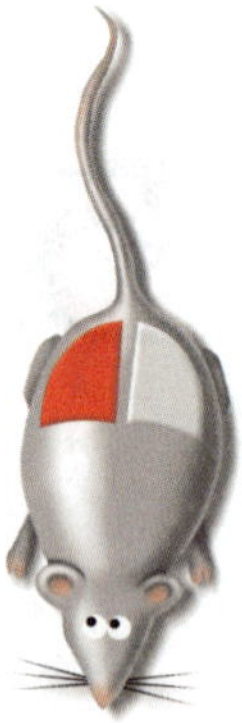

10 Die Meldung auswählen

»Meldung« ist das, was passieren soll, wenn das Ereignis oder der Anlass eintritt, für den die Aktion erzeugt wurde. In diesem Fall wählen wir die Meldung `Objekt/Bild festlegen`.

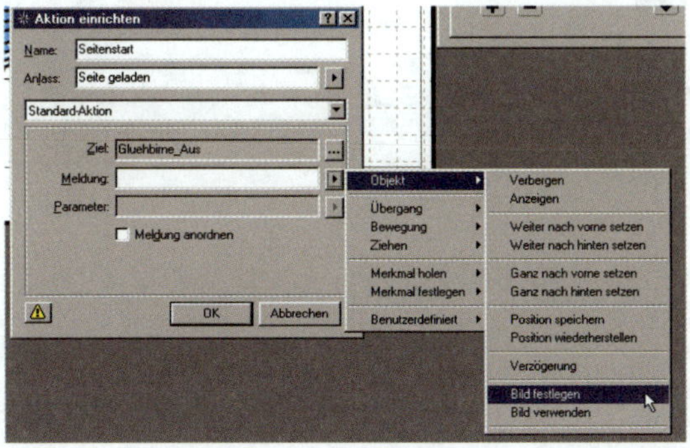

11 Parameter festlegen

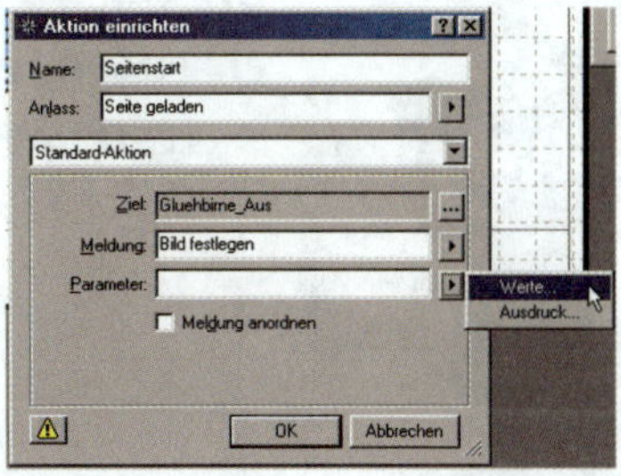

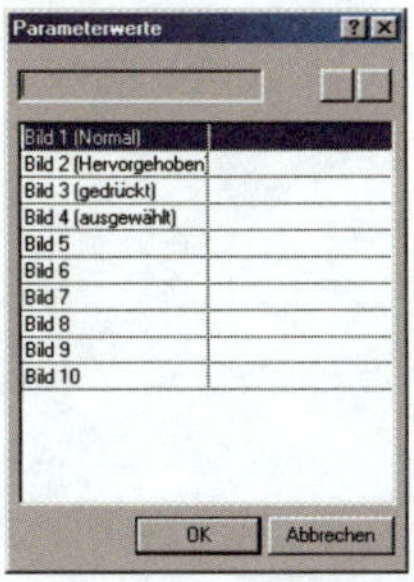

Klicke hier zuerst auf Bild 1 (Normal). Du kannst dann oben die Schaltfläche mit den drei Punkten anklicken und festlegen, welches Bild im Normalzustand angezeigt werden soll. Wähle hier das Bild Gluehbirne_2 von der CD-ROM aus dem Ordner `Bilder` aus. Wiederhole den Vorgang danach für die Zeile Bild 2 (Hervorgehoben). Wähle hier das Bild Gluehbirne_1 aus dem gleichen Ordner.

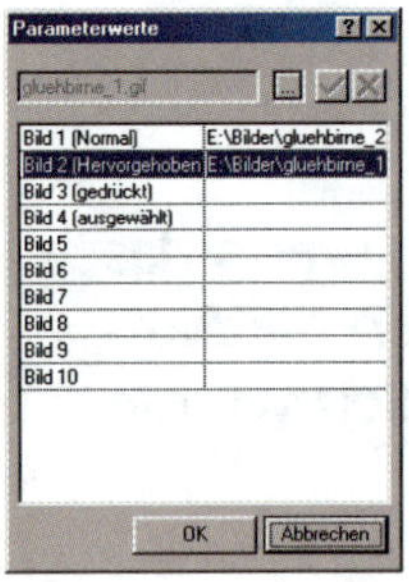

So sollten die Einstellungen sein. Wenn dein CD-ROM-Laufwerk einen anderen Laufwerkbuchstaben hat, musst du das »E:« natürlich ersetzen.

12 Klicke abschließend auf OK.

Weitere Aktionen hinzufügen

Um mit Fusion einen Rollover-Effekt zu erzeugen, musst du insgesamt vier Aktionen festlegen:

1 Festlegen der Bilder für den normalen und den hervorgehobenen Zustand beim Seitenstart.

2 Anzeigen des Normal-Bildes beim Seitenstart.

3 Anzeigen des hervorgehobenen Bildes, wenn der Mauszeiger über dem Objekt steht.

4 Anzeigen des Normal-Bildes, wenn der Mauszeiger das Objekt wieder verlässt.

Ich zeige dir jetzt in Kurzfassung, wie du die weiteren drei Aktionen erzeugen kannst.

1 Anzeigen des Normal-Bildes beim Start

Klicke auf [+], um die Aktion 2 hinzuzufügen.

Die Einstellungen für die Aktion 2

2 Anzeigen des hervorgehobenen Bildes bei Rollover

Füge eine weitere Aktion hinzu.

Die Einstellungen für die Aktion 3

3 Anzeigen des Normal-Bildes, wenn die Maus nicht mehr über dem Bild ist

Die Einstellungen für die Aktion 4

So sollte dein Bild-Eigenschaften-Fenster jetzt aussehen.

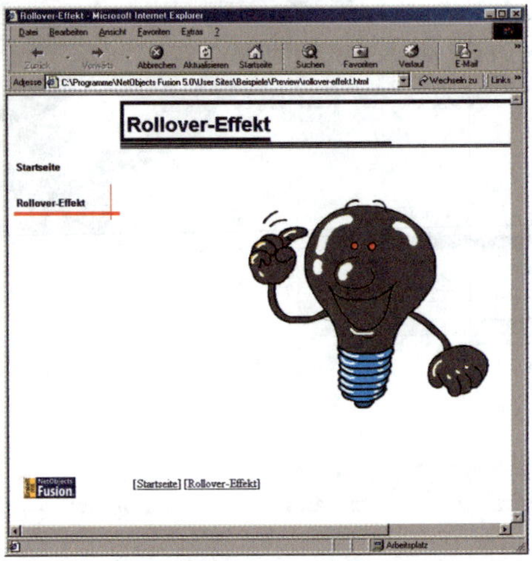

Seitenstart

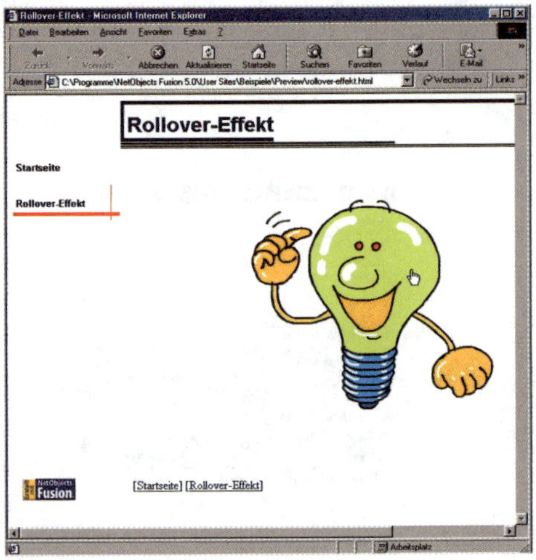

Rollover. Der Mauszeiger ist über dem Bild.

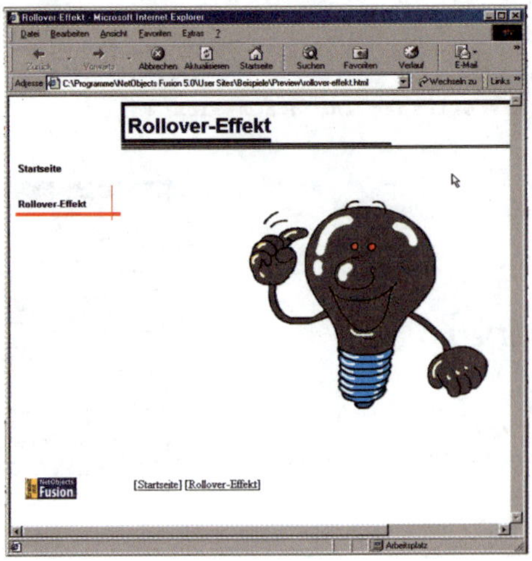

Der Mauszeiger hat das Bild verlassen. Läuft wie geschmiert ...

Eine Homepage bei einem Internet-Provider anmelden

Informationen über preisgünstige oder gar kostenlose Anbieter finden

Bei der Auswahl von Internet-Anbietern solltest du gemeinsam mit deinen Eltern überlegen, bei wem ihr einen Internet-Zugang oder Speicherplatz auf einem Internet-Server bucht. Dabei gibt es nämlich ganz schön große Unterschiede, insbesondere bei den Preisen. Manche Anbieter haben besondere Angebote für Firmen, die natürlich für die private Nutzung zu Hause viel zu umfangreich und auch zu teuer sind. Andere haben sich auf Privatkunden spezialisiert. Wieder andere bieten bestimmte Dinge völlig kostenlos an.

Achtung bei kostenlosen Angeboten:
Oft ist es so, dass kostenloser Speicherplatz auf einem Internet-Server nur in Verbindung mit so genannten Werbebannern möglich ist. Das heißt, am oberen oder unteren Rand deiner Webseiten erscheinen immer wieder neue Werbenachrichten verschiedener Firmen. Je nachdem, wie sorgfältig der Anbieter diese Werbung aussucht, kann es vorkommen, dass auf deinen Seiten plötzlich Werbung für irgendwelche Erotik-Websites erscheint. Das willst du natürlich nicht und ist dir wahrscheinlich auch ein bisschen peinlich.

Pass also gut auf und berate dich mit deinen Eltern genau darüber, bei wem ihr den Speicherplatz für deine Webseiten bucht.

Eine aktuelle Übersicht über günstige Anbieter findest du zum Beispiel unter:

http://www.onlinekosten.de/

Hier findest du aktuelle Informationen ...

DIE WEBSITE INS INTERNET HOCHLADEN

Jetzt haben wir schon so viel darüber gelernt, wie man tolle Webseiten gestaltet. Aber wie kommt die eigene Website denn jetzt ins Internet?

Wie ihr ja schon wisst, ist die erste Voraussetzung dafür, dass ihr bei einem Internet-Provider Speicherplatz für eure Webseiten reserviert habt. Dieser Speicherplatz ist nämlich der Ort im Internet, zu dem eure Website kopiert wird. Erst dann ist sie für jeden Besucher zugänglich.

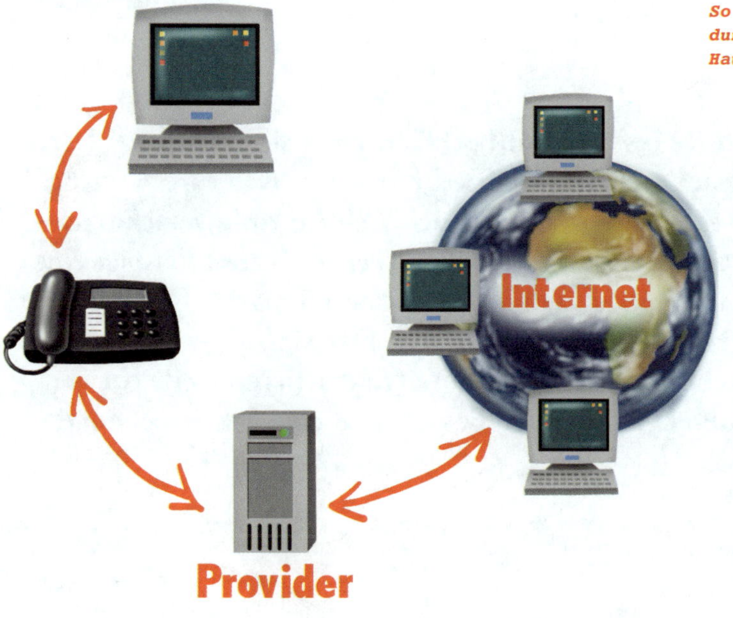

So entsteht eine Verbindung von eurem Computer zu Hause ins Internet.

Die Website, die der Besucher dann im Internet sieht, ist immer die, die auf dem Server-Computer eures Providers gespeichert ist. Wenn ihr also an der Website auf eurem Computer etwas ändert, müsst ihr die Änderung auch auf den Server-Computer kopieren.

Stellt euch das einfach wie zwei verschiedene Ordner vor. In dem ersten Ordner arbeitet ihr und nehmt Änderungen vor. Dann kopiert ihr alle aktualisierten Dateien in den zweiten Ordner (also in den auf dem Server-Computer). Das müsst ihr jedes Mal machen, wenn ihr etwas an eurer Website verändert. So lange ihr die Änderungen noch nicht zum Server-Computer hochgeladen habt, sehen eure Besucher immer noch die alte Version der Seiten.

Vor dem Upload kommt das Testen

Eine ganz wichtige Sache dürft ihr aber auf keinen Fall vergessen.

Was denn?

Bevor man eine Website ins Internet hochlädt, muss sie vorher auf Herz und Nieren getestet werden. Stellt euch mal vor, was eure Besucher denken, wenn bestimmte Dinge auf der Website einfach nicht richtig funktionieren. Wenn der Besucher euch zum Beispiel eine E-Mail schicken will und er bekommt stattdessen nur eine Fehlermeldung. Häufige Fehler sind auch Links mit Tippfehlern. Oder die Webseiten existieren vielleicht gar nicht mehr. Dann bekommt der Besucher so eine Fehlermeldung:

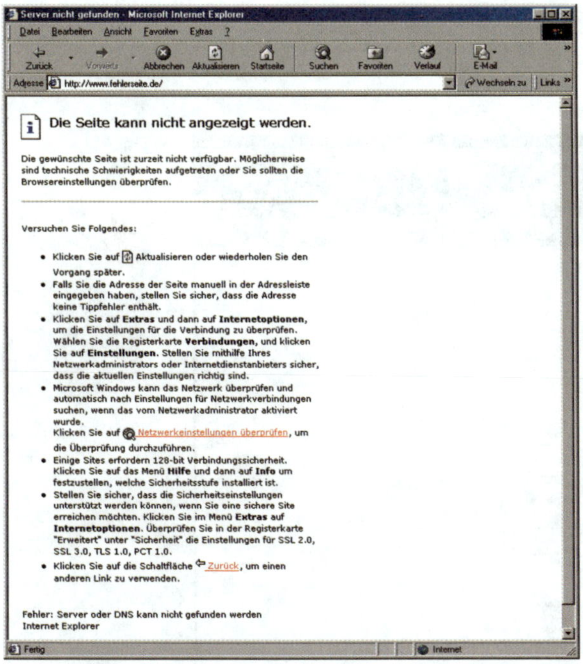

Solche Fehlermeldungen sehen die Besucher deiner Website gar nicht gerne.

Ihr könnt euch leicht vorstellen, was viele Besucher in so einem Fall machen werden.

Wahrscheinlich surfen sie einfach zu einer anderen Website.

Genau. Und das wollt ihr ja sicher vermeiden. Deshalb müsst ihr eure Webseiten vor dem Hochladen ins Internet erst einmal auf eurem eigenen Computer testen.

So kannst du mit Fusion deine Webseiten vor dem Hochladen testen:

1 Wechsel in den Arbeitsbereich »Publizieren«

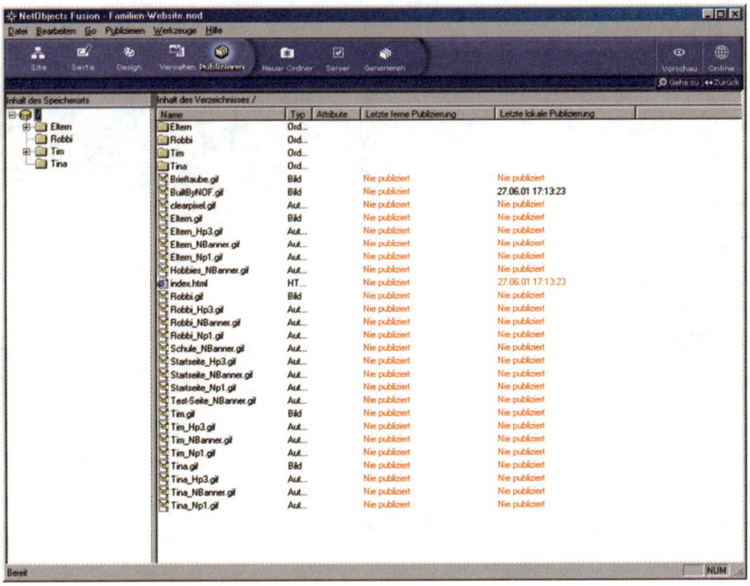

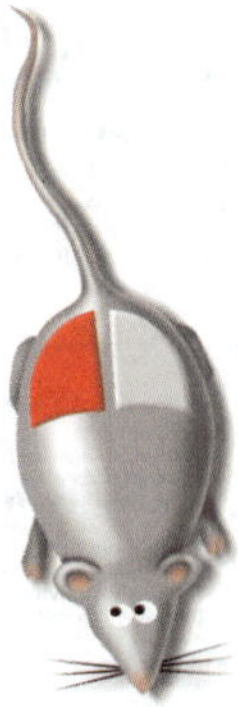

Im Arbeitsbereich »Publizieren« werden alle Dateien angezeigt, die zu deiner Website gehören.

Du siehst hier auf der linken Seite die Seiten deiner Website. Rechts werden die einzelnen Dateien angezeigt, aus denen deine Website besteht. Wundere dich nicht darüber, wenn einige der Dateien (zum Beispiel die Bilder) andere Namen haben als die Originalbilder. Fusion nimmt in vielen Fällen für die interne Speicherung eine automatische Änderung der Dateinamen vor. Darum brauchst du dich aber zum Glück nicht zu kümmern. Das macht Fusion alles für dich.

2 Generieren der HTML-Dateien

Im Gegensatz zu den meisten anderen Web-Editoren speichert Fusion die erstellten Webseiten nicht sofort in Form von HTML-Dateien, sondern in einem Spezialformat. Die HTML-Dateien werden generiert (das bedeutet erzeugt), wenn sie zum Testen oder zur Ansicht in einem Web-Browser benötigt werden. Die dabei entstehenden HTML-Dateien kannst du in einem beliebigen Ordner auf deinem Computer speichern oder später auch direkt zu einem Server-Computer im Internet schicken.

Um eine Testversion der Website zu erzeugen, klicken wir einfach den Menüpunkt `Generieren` an.

3 Es erscheint dann dieses Fenster, in dem du festlegen kannst, ob die Dateien auf dem lokalen Computer (das ist der Computer, an dem du arbeitest) oder direkt im Internet gespeichert werden sollen. Zum Testen wählst du hier natürlich den lokalen Computer aus.

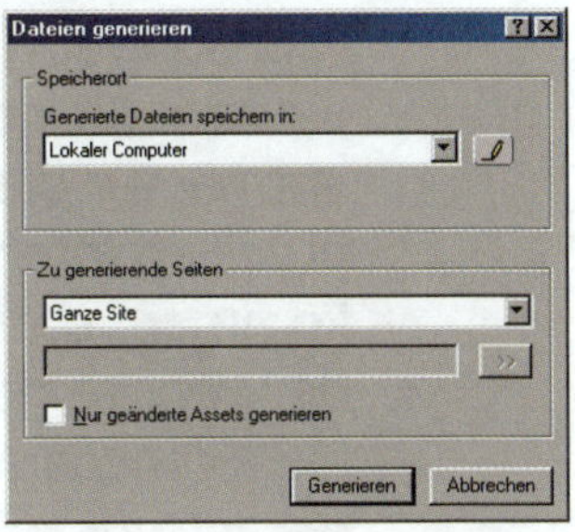

Ein Klick auf den kleinen Stift legt den Speicherort auf deinem Computer fest ...

4 Durch einen Klick auf die kleine Schaltfläche mit dem Stift gelangst du in die Auswahl des Speicherortes für deine Webseiten:

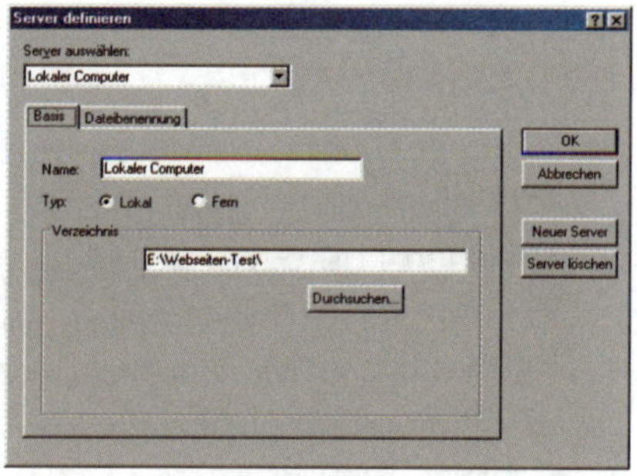

Hier kannst du genau festlegen, wo deine Test-Website gespeichert werden soll.

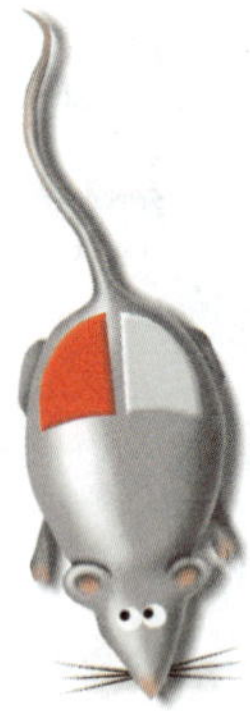

5 Auf der Registerkarte Dateibenennung kannst du festlegen, wie die Startseite deiner Website als HTML-Datei heißen soll und welche Dateiendungen die einzelnen HTML-Dateien bekommen sollen.

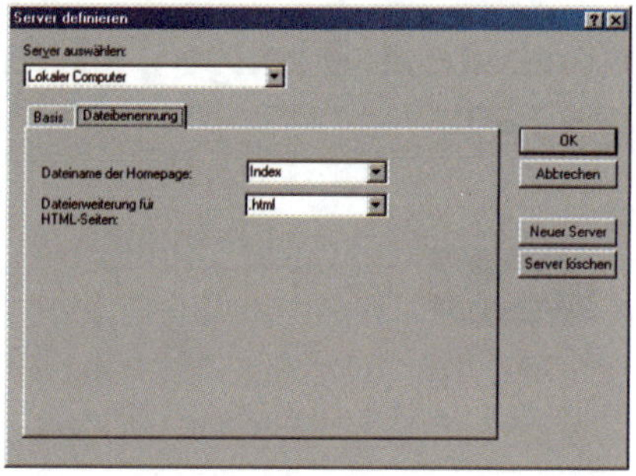

Die Einstellungen für den Namen der Startseite und die Datei-Endungen der HTML-Dateien

Hier solltest du im Normalfall nichts verändern. Die Einstellungen »Index« für den Dateinamen der Homepage und die Dateiendung »html« für die HTML-Dateien werden von fast jedem Server-Computer im Internet verstanden. In ganz seltenen Fällen kann es vorkommen, dass der Provider, bei dem du den Speicherplatz für deine Website gemietet hast, seine Computer so eingestellt hat, dass die Homepage immer »home.html« heißen muss. Das ist aber wie gesagt nur sehr selten der Fall.

6 Klicke hier auf OK, wenn du mit den Einstellungen fertig bist. Du gelangst dann wieder in das Generieren-Fenster.

7 Klicke hier zum Schluss einmal auf die Schaltfläche »Generieren«, um die HTML-Seiten zu erzeugen.

8 Während die Seiten erzeugt werden, erscheint diese Fortschrittsanzeige. Hier kannst du ablesen, wie viel Prozent der Seiten schon verarbeitet wurden. Das Generieren der Webseiten kann bis zu mehreren Minuten dauern. Das ist abhängig von der Anzahl der Seiten und der Arbeitsgeschwindigkeit deines Computers.

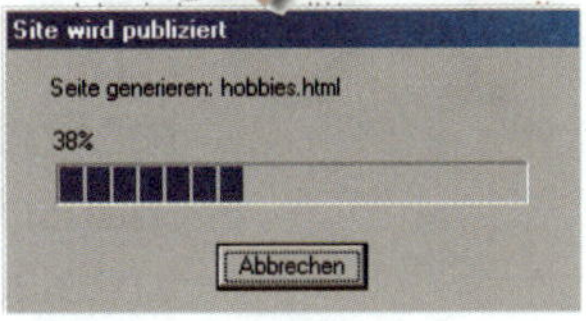

Schon 38% fertig. Na, kannst du ausrechnen, wie viel da noch fehlt?

9 In den Spalten »Letzte lokale Publizierung« und »Letzte ferne Publizierung« kannst du ablesen, wann die HTML-Dateien deiner Website zum letzten Mal generiert worden sind. In der Spalte »Letzte lokale Publizierung« sollte jetzt das aktuelle Datum stehen. Unter »Letzte ferne Publizierung« sollte stehen »Nie publiziert«. Du hast deine Dateien ja bisher noch nicht ins Internet hochgeladen.

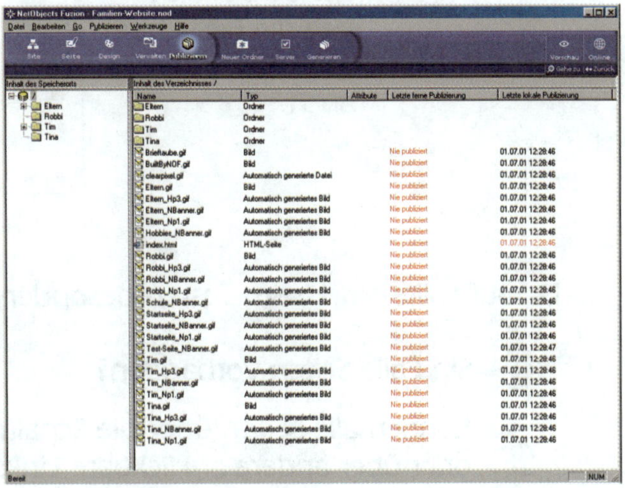

Die Dateien sind generiert ...

Letzte lokale Publizierung?

Die Formulierungen »Letzte lokale Publizierung« und »Letzte ferne Publizierung« sind etwas ungeschickte Übersetzungen aus dem Englischen. Du solltest sie so, besonders im Deutschunterricht, besser nicht benutzen. Aber du weißt ja trotzdem, was damit gemeint ist. Und das ist für die Arbeit an deiner Website ja schließlich die Hauptsache.

10 Sofort nach dem Generieren der HTML-Seiten startet Fusion automatisch mit dem installierten Web-Browser die Startseite »index.html«. Du kannst jetzt alle Seiten überprüfen und die Website so benutzen wie die Besucher später im Internet auch.

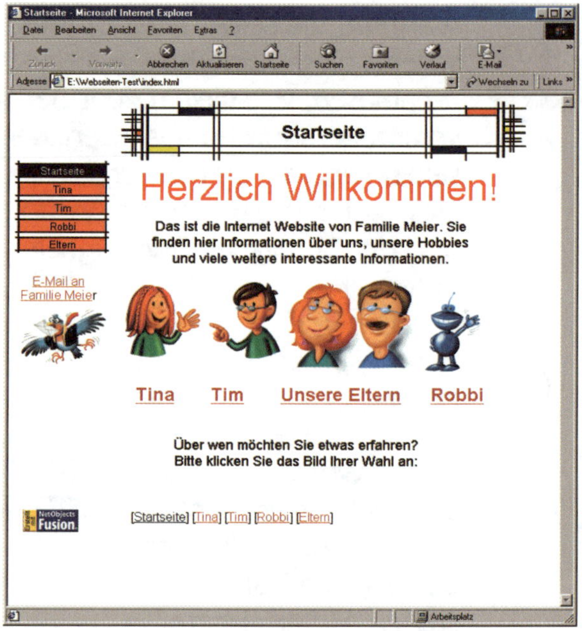

So werden die Besucher deiner Website diese später auch im Internet sehen.

Darauf solltest du beim Testen besonders achten:

- Sind alle Seiten vorhanden?
- Können alle Seiten über die Schaltflächen am linken Rand oder über andere anklickbare Links erreicht werden?

- Sind alle Bilder vorhanden und werden sie richtig angezeigt?
- Stimmt die Größe der Webseiten? (Sie sollten nicht größer als 800 x 600 Pixel sein.)
- Funktioniert der E-Mail-Link?
- Funktionieren alle Links zu externen Seiten?
- Befindet sich auf den externen Seiten kein illegales (das heißt verbotenes) Material?

Einstellungen für bestimmte Web-Browser vornehmen

Damit deine Website auch von möglichst vielen Besuchern fehlerfrei betrachtet werden kann, solltest du unter »Werkzeuge/Site-Einstellungen« festlegen, dass die erzeugten Seiten für die beiden am häufigsten eingesetzten Web-Browser optimiert werden.

1 Klicke neben der Zeile »Browser-Kompatibilität« auf die Schaltfläche `Ändern`.

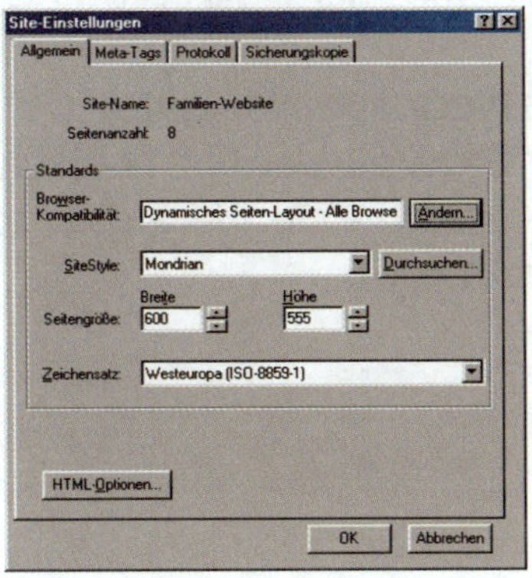

Hier kannst du verschieden Einstellungen für die erzeugten HTML-Seiten deiner Site vornehmen.

2 Wähle die Einstellungen so, wie sie auf der Abbildung zu sehen sind. Achte insbesondere darauf, dass die Kästchen `Netscape Navigator 4.0 und höher` und `Microsoft Internet Explorer 4.0 und höher` angeklickt sind.

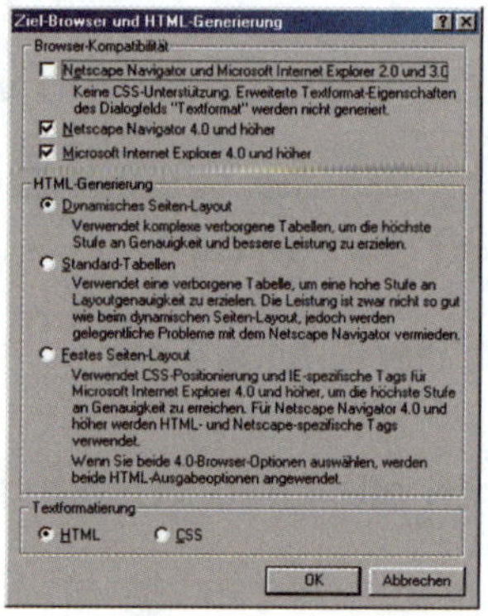

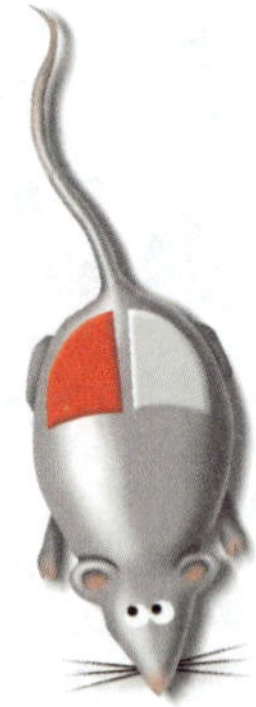

Das Kästchen »Netscape Navigator und Microsoft Internet Explorer 2.0 und 3.0« sollte nicht angeklickt sein, da diese Browser nur sehr eingeschränkte Möglichkeiten zulassen und ohnehin kaum noch im Einsatz sind.

Wenn du ganz sicher gehen willst, solltest du die Seiten in jedem Fall auch noch mit einem zweiten Web-Browser testen. Dabei ist es ausreichend, wenn du die Seiten mit den beiden am weitesten verbreiteten Browsern testest.

Der Internet Explorer von Microsoft
Das ist der am häufigsten eingesetzte Browser. Wenn du sicher sein willst, dass deine Seiten bei fast allen Besuchern richtig angezeigt werden, solltest du zum Testen nicht die allerneueste Version des Browsers verwenden. Viele Surfer benutzen immer noch die Version 4 des Internet-Explorers.

Der Netscape Navigator
Der Browser der Firma Netscape wird ebenfalls sehr häufig eingesetzt. Orientiere dich auch hier nicht an der allerneuesten Version.

3 Obwohl Webseiten ohne Spezialfunktionen auf beiden Browsern sehr ähnlich angezeigt werden, kann es immer mal wieder vorkommen, dass eine Seite auf dem einen Browser anders aussieht als auf dem anderen. In so einem Fall musst du dich entscheiden, ob du die Seite ändern willst oder ob du es akzeptieren kannst, wenn die Seite auf einem der Browser ein etwas anderes Aussehen hat.

Hier findest du deine Webseiten jetzt auf der Festplatte

Können wir uns jetzt die erzeugten Webseiten auch einmal im Windows-Explorer anschauen?

Klar, das ist kein Problem. Du findest die Dateien alle in dem Ordner, den du beim Generieren der Dateien angegeben hast.

Um die erzeugten Dateien im Windows-Explorer anzuschauen, starte ihn einfach und lasse dir den Inhalt des Ordners anzeigen, den du beim Erzeugen der HTML-Dateien angegeben hast. Im Hauptordner findest du unter anderem die Startseite mit dem Namen index.html und alle Bilddateien, die auf der Startseite angezeigt werden.

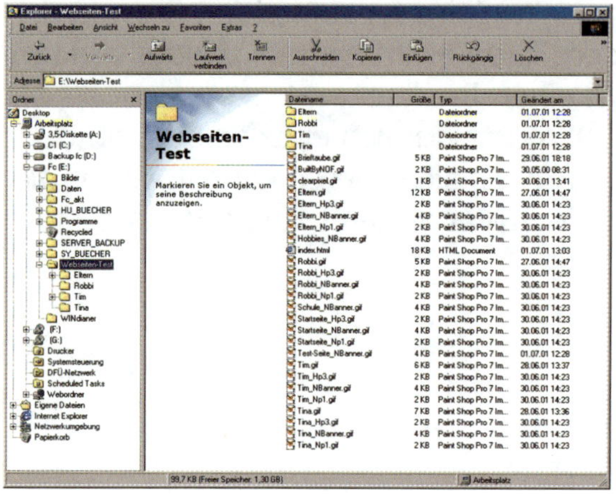

So sehen die erzeugten Dateien im Windows-Explorer aus. Siehst du die Startseite »index.html«?

Natürlich kannst du die erzeugten HTML-Dateien jetzt auch öffnen und dir den HTML-Code anschauen. Du solltest an dem Code allerdings nichts ändern, es sei denn, du kennst dich mit HTML schon sehr gut aus. Wenn du nämlich dabei einen Fehler machen solltest, kann es passieren, dass später die gesamte Website nicht richtig arbeitet.

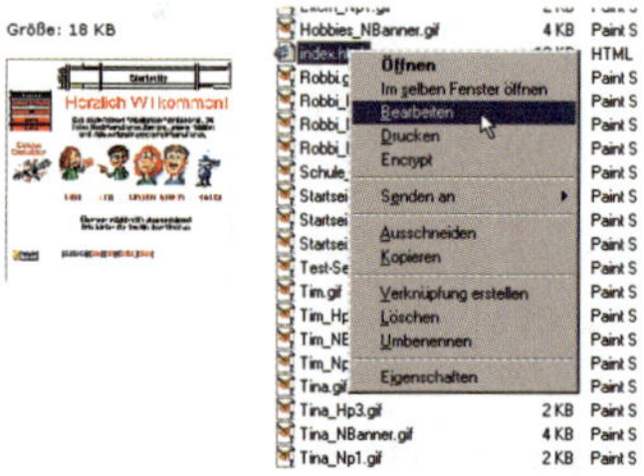

So kannst du eine HTML-Datei im Text-Editor öffnen.

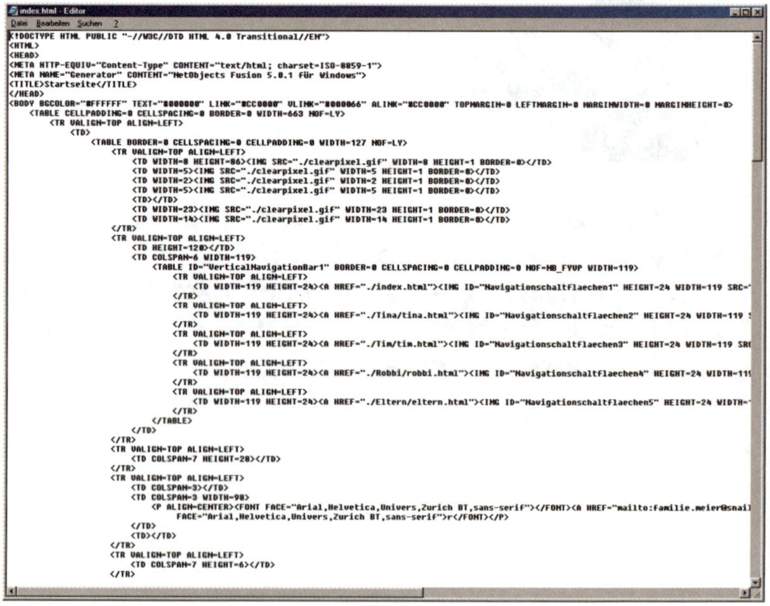

Ein Teil des HTML-Codes der Startseite deiner Website

Die Website mit Fusion ins Internet hochladen

So, jetzt haben wir ausgiebig getestet und es scheint auch alles zu funktionieren. Ich finde, wir sollten die Website jetzt ins Internet hochladen.

OK. Mit Fusion ist das ein Kinderspiel. Passt mal gut auf:

Die Einstellungen für den Server vornehmen

Das Hochladen einer Website auf einen Server-Computer im Internet setzt voraus, dass ihr vorher Speicherplatz bei einem Internet-Provider gemietet habt. Wenn das der Fall ist, bekommt ihr oder bekommen eure Eltern von diesem Internet-Provider einige Informationen darüber, wie ihr Dateien zu dessen Server-Computer hochladen könnt.

**Klicke auf 

, um die Einstellungen für den Server vorzunehmen.**

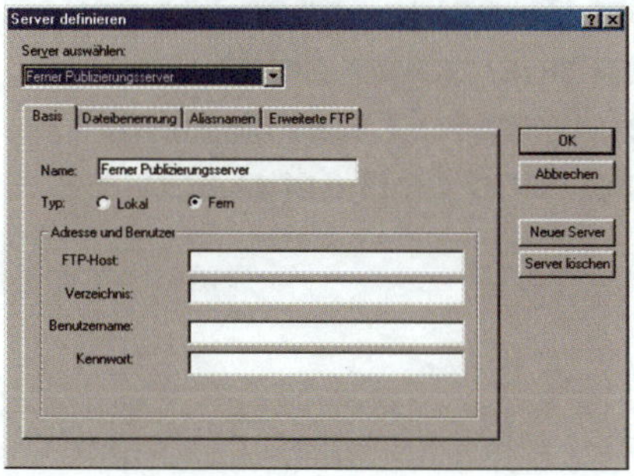

Die Angaben, die du hier eintragen musst, sind für jeden Server unterschiedlich. Du erhältst sie von deinem Internet-Provider.

Folgende Informationen benötigst du dazu:

1 Die Internet-Adresse, zu der die Daten hochgeladen werden sollen:
Diese Adresse heißt oft auch FTP-Adresse, Host-Adresse oder FTP-Host. Was genau FTP bedeutet, erfährst du auch Seite 149.

2 Den Verzeichnisnamen:
Unter »Verzeichnisname« wird hier der Ordner verstanden, in den du die Dateien auf dem Server deines Providers kopieren kannst. Je nachdem, welche Vorgaben dein Provider hier macht, musst du hier einen speziellen Verzeichnisnamen eintragen. Meistens kannst du diese Zeile aber einfach leer lassen, weil deine Dateien automatisch in den Ordner kopiert werden, den dein Provider für deine Website reserviert hat.

3 Den Benutzernamen:
Der Benutzername ist ein Name, mit dem du dich auf dem Computer deines Providers anmelden kannst. Oft ist der Benutzername einfach nur deine E-Mail-Adresse. In anderen Fällen bekommst du einen Benutzernamen von deinem Provider und manchmal brauchst du auch gar keinen Benutzernamen. In diesem Fall trägst du in diese Zeile einfach anonymous ein. Das bedeutet so viel wie »unbekannt« oder »ohne Namen«.

4 Das Kennwort:
Das Kennwort ist fast der wichtigste Teil der Zugangsdaten. Denn nur das Kennwort verhindert, dass jeder Beliebige Daten auf deinem Speicherplatz im Internet speichern oder sogar deine Webseiten verändern kann. Du bekommst das Kennwort von deinem Internet-Provider. Achte darauf, dass niemand dein Kennwort erfährt.

Das Kennwort schützt deine Website davor, dass irgend jemand außer dir Daten löschen oder verändern kann. Deshalb solltest du das Kennwort für deine Website sehr gut aufbewahren und es niemandem weiter sagen. Wenn es geht, speichere das Kennwort nicht in irgendeiner Software (auch nicht in Fusion), sondern gebe es bei jeder Einwahl ins Internet erneut von Hand ein. So kann auch niemand das Passwort klauen, wenn du mal nicht an deinem Computer sitzt.

Du findest in dem Fenster zum Definieren des Servers auch wieder die Registerkarte »Dateibenennung«. Wenn du von deinem Internet-Provider keine anderen Informationen hast, kannst du die Standardeinstellungen unverändert lassen.

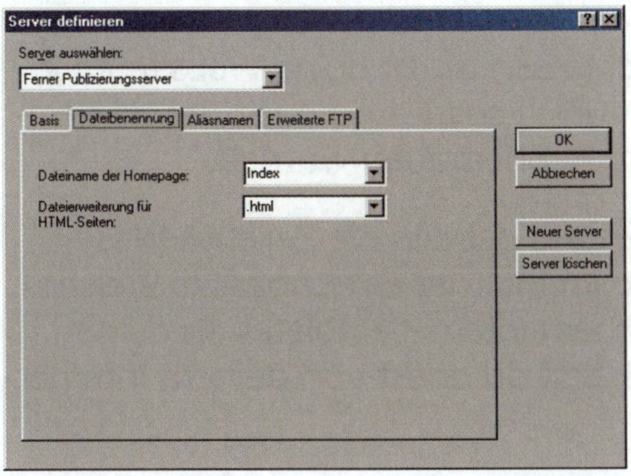

Auf der Registerkarte Dateibenennung kannst du im Normalfall alles unverändert lassen.

Die weiteren Registerkarten »Aliasnamen« und »Erweiterte FTP« beinhalten Funktionen, die du zum jetzigen Zeitpunkt noch nicht benötigst. Du kannst sie also ignorieren.

Die Dateien auf den Server übertragen

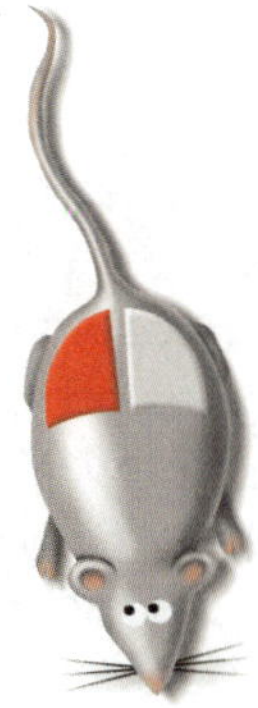

Wenn du alle Einstellungen richtig vorgenommen hast, kannst du die Dateien deiner Website auf den Server im Internet übertragen.

Klicke dazu wieder auf `Generieren`.

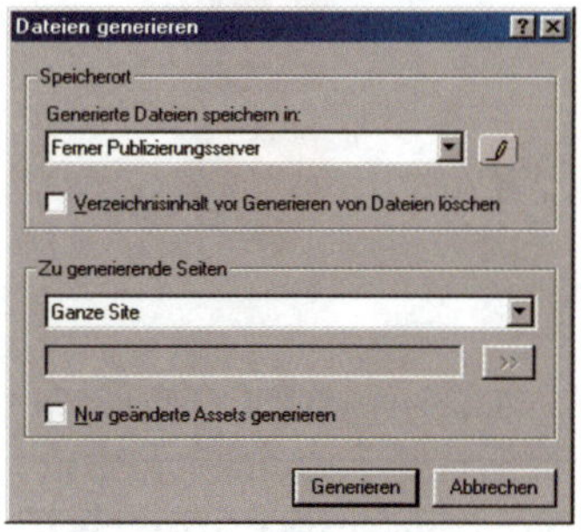

Mit diesen Einstellungen werden die Dateien auf den Server im Internet übertragen.

Wenn der Übertragungsvorgang abgeschlossen ist, ist deine Website im Internet für jeden Besucher erreichbar. Natürlich solltest du nach der Übertragung einmal testen, ob alle Dateien korrekt übertragen wurden.

Öffne dazu einfach deinen Web-Browser und gebe in die Zeile »Adresse« die Adresse ein, unter der deine Website im Internet erreichbar ist. Welche das genau ist, hängt davon ab, bei welchem Internet-Anbieter du deine Website hast. Informationen darüber erhältst du direkt von deinem Internet-Anbieter.

Weitere Tipps

Das Programm FTP Voyager

Ich habe gehört, dass man ein FTP-Programm benutzen sollte, um Dateien zu seiner Website hochzuladen, sie zu löschen oder runterzuladen.

Was ist denn überhaupt ein FTP-Programm?

FTP steht ja für »File Transfer Protocol«. So ein Protokoll ist im Grunde nichts anderes als eine Vereinbarung darüber, in welcher Weise die Daten von einem Computer zum einem anderen übertragen werden. Damit so eine Übertragung funktioniert, müssen beide Computer das gleiche Übertragungsprotokoll benutzen. Im Fall der Dateiübertragung im Internet wird dazu fast immer das FT-Protokoll, also FTP, benutzt.

Aber wir übertragen unsere Webseiten doch direkt mit Fusion ins Internet?

Zum Übertragen der ganzen Site ist Fusion auch sehr gut geeignet. Probleme gibt's aber, wenn du mal eine einzelne Datei auf den Server hochladen willst. Oder wenn du irgendwas zum Download auf den Server gestellt hast, das du wieder dort löschen willst.
In diesem Fall benötigst du ein spezielles Programm, eben ein FTP-Programm.

Zum Glück befindet sich auf der CD-ROM im Buch schon so ein Programm. Ich zeige euch jetzt mal, wie man es benutzt.

Installieren des FTP Voyager

Klick auf `weiter`.

1

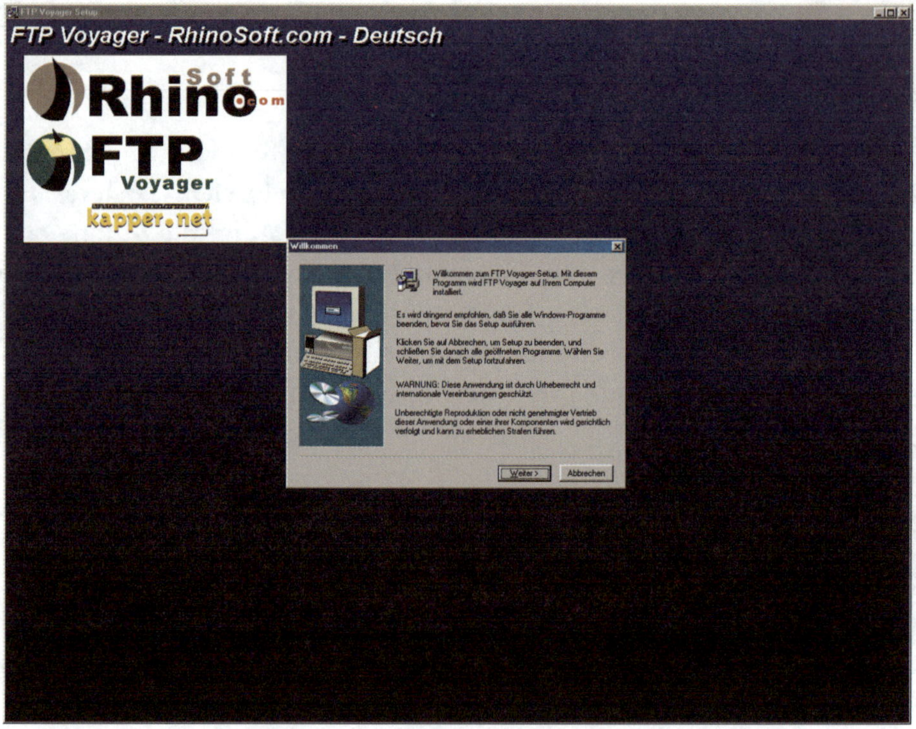

Wir werden begrüßt.

2 Klicke auf [Ja], wenn du einverstanden bist.

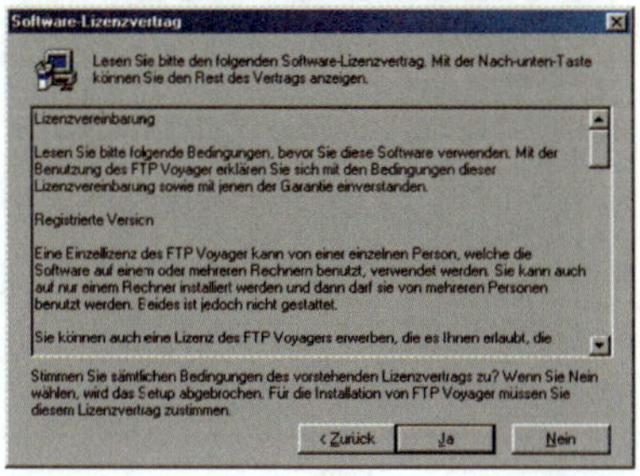

Lies alles genau durch. Wenn du damit einverstanden bist, klicke auf [Ja].

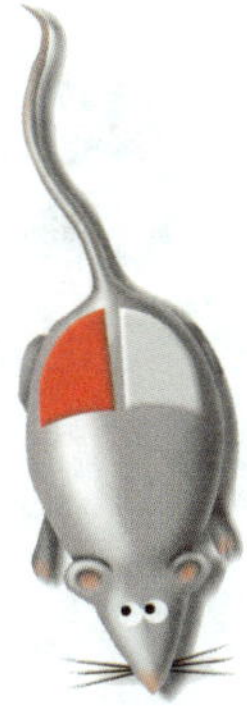

3 Wähle den Ordner, in dem das Programm installiert werden soll, und klicke dann auf [Weiter].

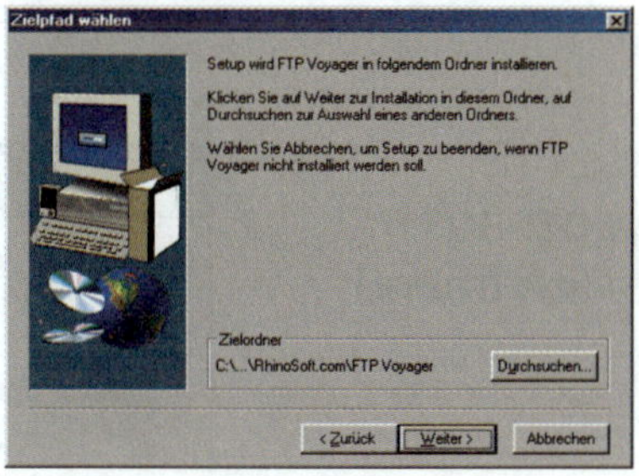

4 Hier sind eine Menge Einstellungen zu machen. FTP Voyager will ganz genau wissen, was für eine Verbindung zwischen deinem Computer und dem Internet besteht.

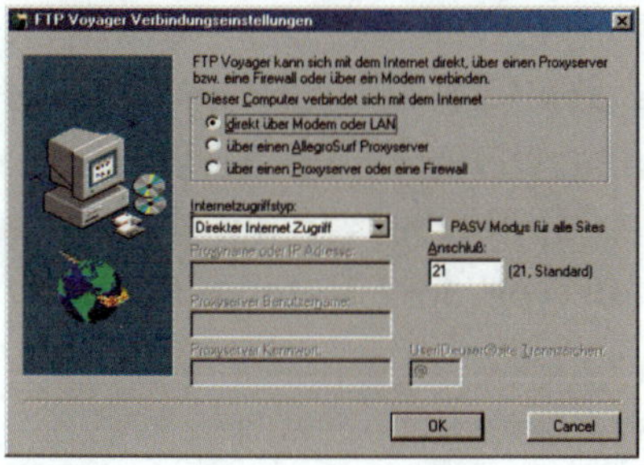

In den meisten Fällen dürften diese Einstellungen richtig sein.

5 Jetzt wird die Installation beendet.

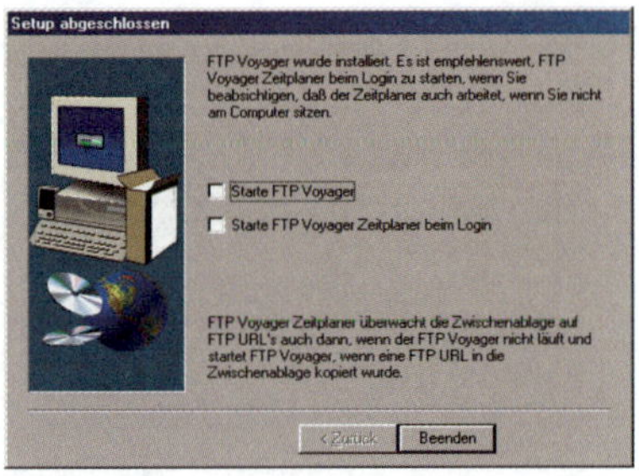

Den Zeitplaner solltest du nicht aktivieren. Für den Anfang ist es sicherer, die Übertragungen von Hand zu starten.

Starten von FTP Voyager

1 Starte FTP Voyager aus dem Startmenü.

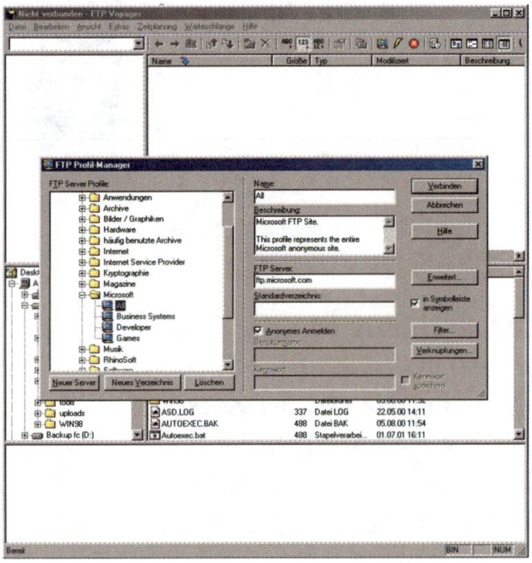

Der FTP Voyager nach dem ersten Start. Wusstest du eigentlich schon, dass Voyager »Reisender« heißt?

Direkt nach dem Start zeigt dir der FTP Voyager im linken Fenster eine lange Liste mit voreingestellten FTP-Servern an. Du kannst auf die meisten dieser Server mit dem Voyager direkt zugreifen und dir von dort Dateien herunterladen.

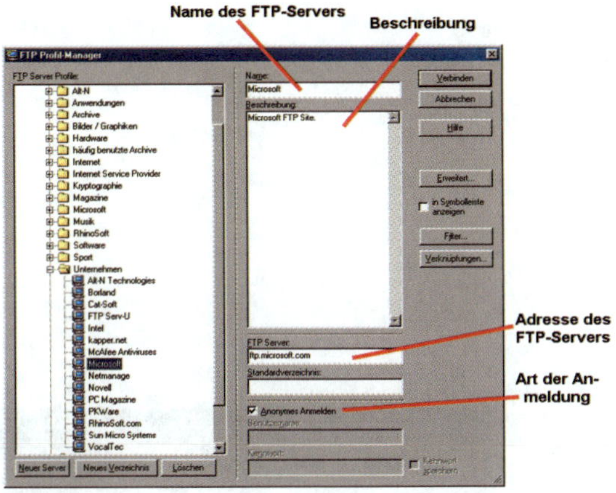

Auf der linken Seite kannst du aus der Liste der eingetragenen Server einen auswählen. Natürlich ist der FTP-Server, zu dem du die Dateien für deine Website übertragen willst, noch nicht in der Liste enthalten. Dazu kommen wir gleich. Rechts siehst du bestimmte Eintragungen für den gerade ausgewählten FTP-Server.

Name

Klar, das ist einfach der Name, den du dem Server gibst.

Beschreibung

Hier kannst du zum Beispiel notieren, was es auf dem Server alles gibt.

FTP Server

Hier muss die genaue FTP-Adresse des Servers eingetragen sein.

Art der Anmeldung

Wähle hier `Anonymes Anmelden`, wenn du dich auf einem fremden Server anmelden willst. Für die Anmeldung auf dem Server deines Internet-Providers musst du das Kästchen deaktivieren (das Häkchen entfernen) und stattdessen deinen Benutzernamen und dein Kennwort angeben.

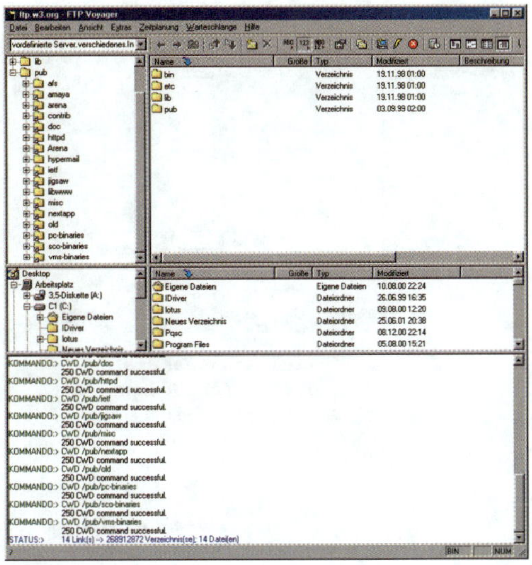

Eine Verbindung zum FTP-Server des World Wide Web Consortiums. Hier wird entschieden, wie sich die Sprache HTML weiter entwickelt.

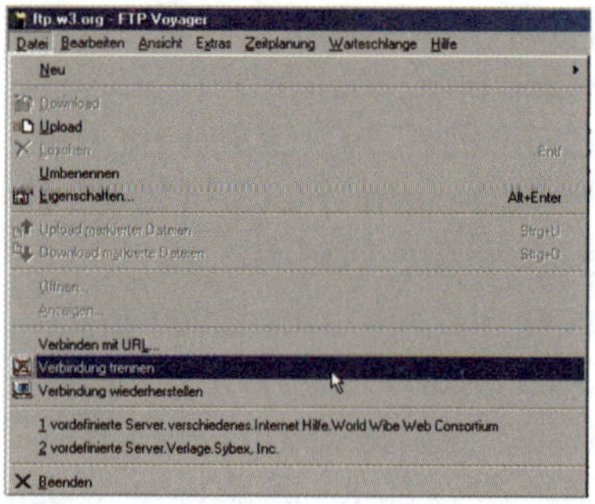

Hier kannst du eine bestehende Verbindung zu einem FTP-Server wieder beenden.

So kannst du den FTP-Server deines Internet-Providers zur Liste hinzufügen

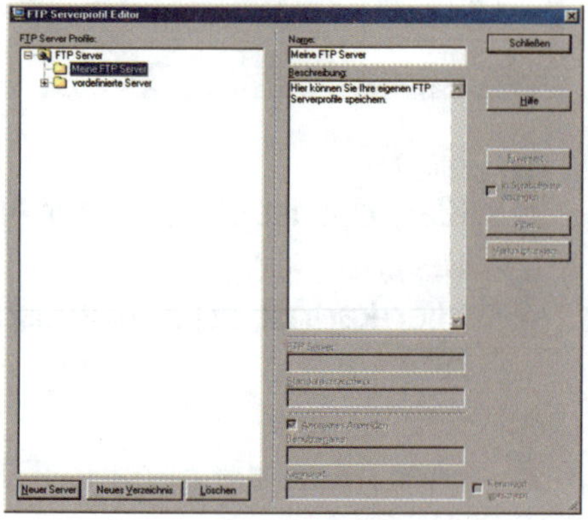

1 Wechsle zuerst in den Ordner `Meine FTP-Server`.

2 Klicke jetzt auf die Schaltfläche `Neuer Server`.

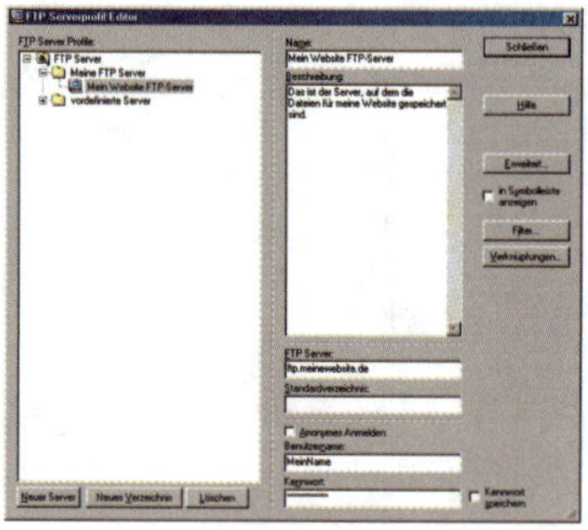

So ähnlich könnten die Eintragungen für deinen FTP-Server aussehen.

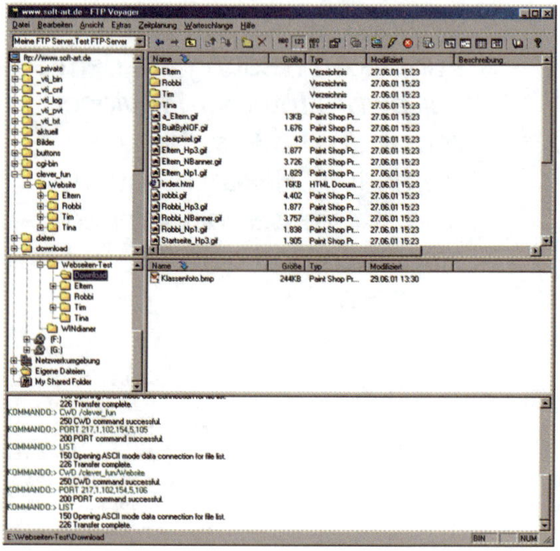

Die Verbindung ist hergestellt.

3 Anlegen eines neuen Ordners `Download` auf dem Server

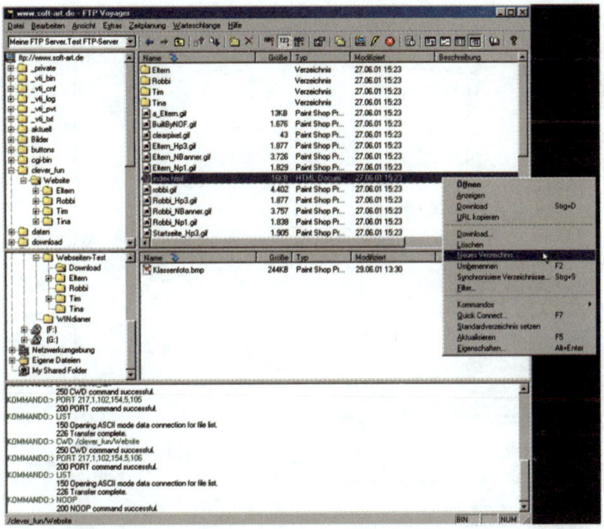

4 Kopieren der Datei `Klassenfoto.bmp` in den neuen Ordner `Download`

Um eine Datei von der lokalen Festplatte deines Computers in einen Ordner auf dem FTP-Server zu kopieren, reicht es aus, dass du den Zielordner öffnest und dann die Datei per Drag & Drop (= Ziehen mit der Maus) aus dem lokalen Ordner in den Ordner auf dem FTP-Server ziehst.

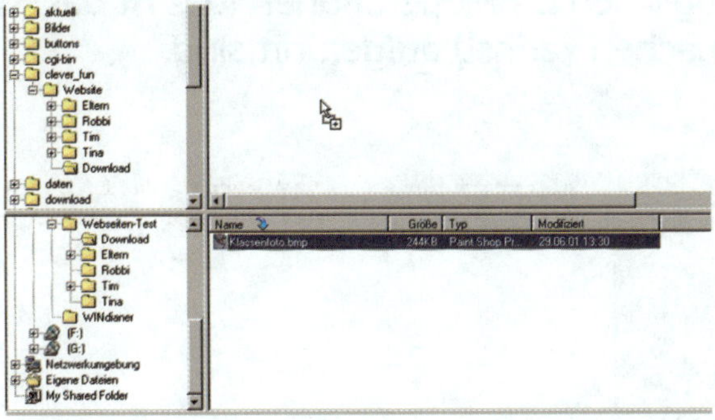

Siehst du, wie sich der Mauszeiger verändert, wenn du eine Datei kopierst?

Der Kopiervorgang läuft.

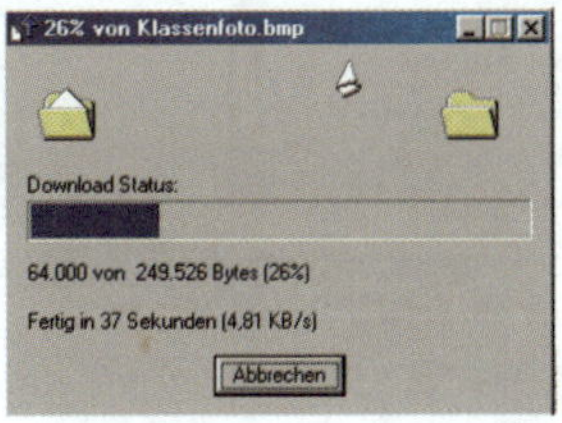

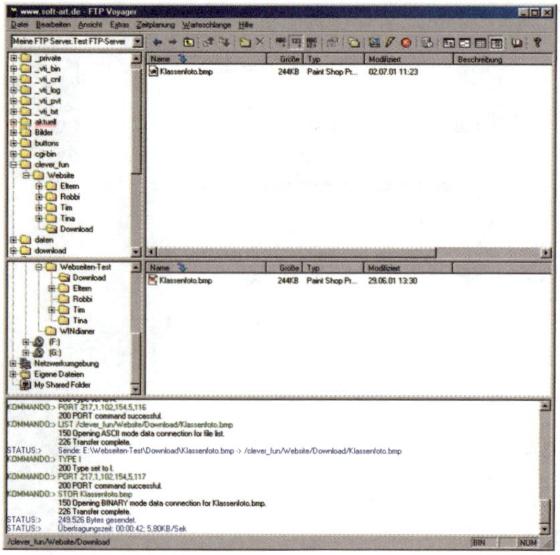

Fertig. Die Datei wurde übertragen.

Dateien löschen oder downloaden

Genauso einfach kannst du natürlich auch Dateien auf dem FTP-Server löschen oder sie auf deine Festplatte downloaden.

Um zu sehen, was du mit einer Datei auf dem Server alles anstellen kannst, reicht es aus, die Datei mit der rechten Maustaste anzuklicken. Dann erscheint ein Menü, in dem alle möglichen Dateioperationen (das ist das, was du mit der Datei machen kannst) aufgeführt sind.

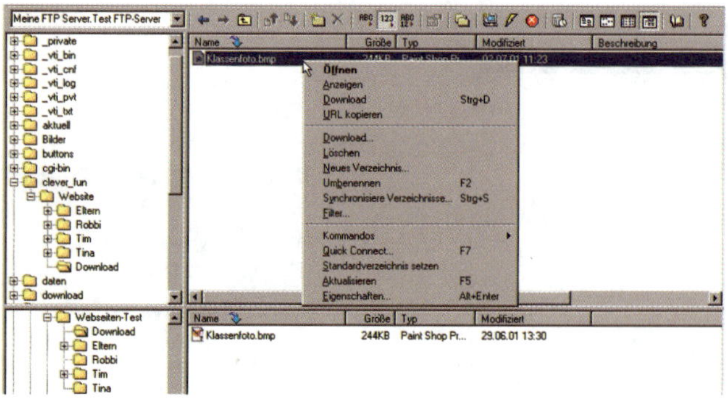

Das kannst du in dem Verzeichnis auf dem Server alles machen.

Die Website bei Suchmaschinen anmelden

So, die Website ist jetzt online,
wie der Fachmann sagt.

Oder die Fachfrau!

OK, OK, oder die Fachfrau. Nur, wie sollen die Besucher unserer Seite jetzt eigentlich erfahren, dass es die Seite überhaupt gibt?

Überlegt mal, wie findet ihr denn Seiten im Internet?

Mit einem Suchdienst. Ich nehme übrigens immer »LYCOS«.

Und ich »YAHOO«.

http://www.lycos.de

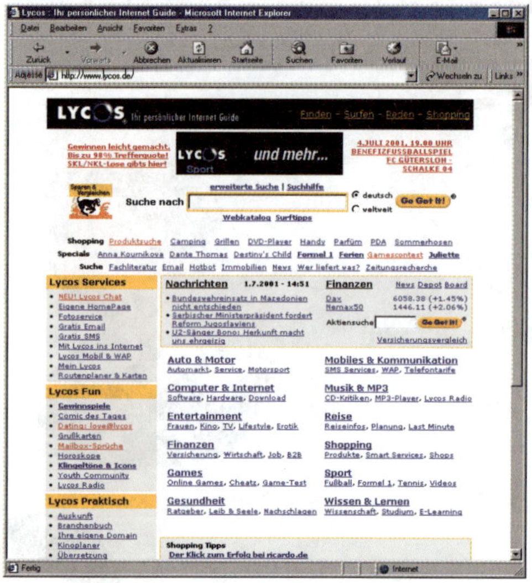

http://www.yahoo.de

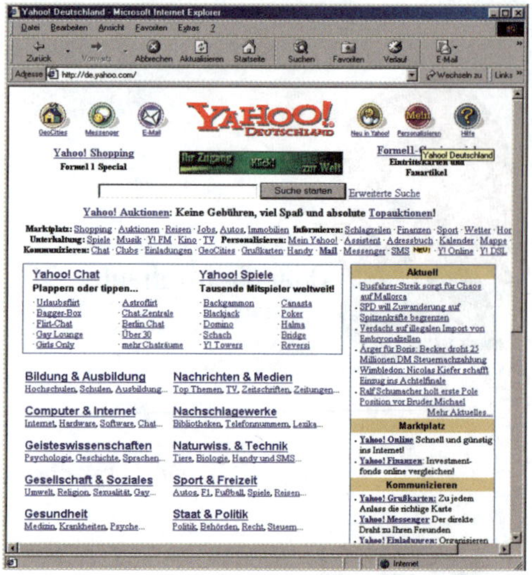

Dann sollten wir die neue Website also mal bei den Suchdiensten anmelden.

Anmelden, wie meinst du das?

Obwohl manche Suchdienste, insbesondere die so genannten Suchmaschinen, besondere Programme benutzen, die Tag und Nacht das Internet nach neuen Seiten durchsuchen, ist es sehr sinnvoll, eine neue Seite erst einmal anzumelden. Dadurch erfährt der Suchdienst, dass es diese neue Website gibt und kann sie schon nach wenigen Tagen in sein Verzeichnis aufnehmen.

Es gibt grundsätzlich zwei Möglichkeiten, eine Website bei den Suchdiensten anzumelden. Entweder man macht es bei jedem Suchdienst einzeln von Hand oder man benutzt bestimmte Programme oder spezielle Internet-Dienste, die das Anmelden automatisch vornehmen. Beide Möglichkeiten haben ihre Vor- und Nachteile.

Eine Website von Hand bei einem Suchdienst anmelden

Ich zeige euch jetzt einmal am Beispiel des Suchdienstes »LYCOS«, wie eine Website angemeldet wird.

1 Aufrufen der Webseite von LYCOS im Webbrowser

2 Klick auf den Link `Seite anmelden`.

Der Link zum Anmelden von Webseiten ist bei LYCOS etwas versteckt am unteren Bildrand.

3 Jetzt klicke auf `URL anmelden`.

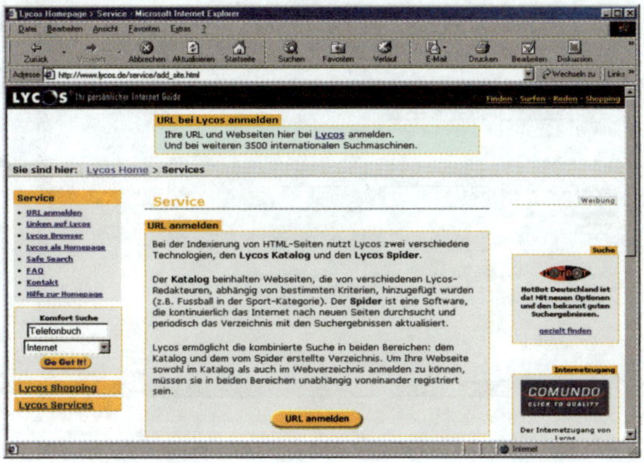

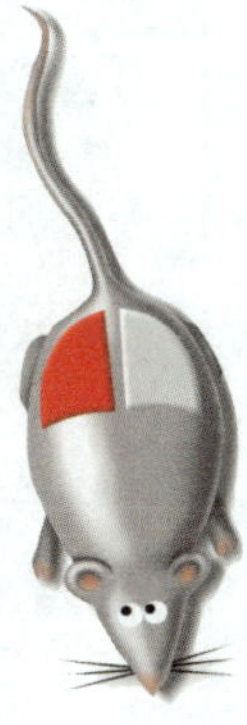

4

Auf dieser Seite hast du mehrere Möglichkeiten:

Im oberen Bereich sind mehrere Fragen aufgelistet, die bei der Anmeldung von Webseiten immer wieder gestellt werden. Wenn eine dabei ist, die dich interessiert, kannst du sie einfach anklicken und erhältst dann eine Antwort.

Im mittleren Bereich siehst du den so genannten URL-Finder. Das ist eine Möglichkeit herauszufinden, ob die Seite, du anmelden möchtest, vielleicht schon in der Datenbank von LYCOS enthalten ist. Wenn das der Fall ist, solltest du die Seite nicht noch einmal anmelden. Wähle stattdessen lieber eine Webseite von deiner Site, die neu dazugekommen ist und melde diese Seite an.

Wenn deine Site noch nicht bei LYCOS angemeldet war, kannst du unten auf der Seite die genaue URL-Adresse deiner Seite eintragen. Achte dabei ganz besonders gut darauf, dass du dich nicht vertippst. Denn sonst kann LYCOS deine Seiten nicht finden und du wartest vielleicht wochenlang vergeblich darauf, dass sie dort endlich auftauchen.

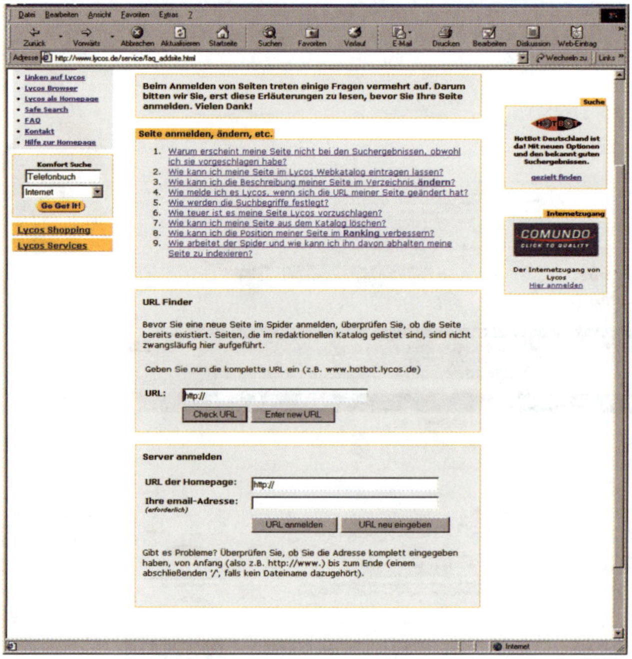

Zum Anmelden deiner Site musst du übrigens eine E-Mail-Adresse angeben. Denke also daran, dass du vor dem Anmelden einen E-Mail-Account benötigst, mit dem du Mails empfangen kannst.

Achte unbedingt darauf, dass sich keine Tippfehler einschleichen.

Vermeide unbedingt Tippfehler bei der Eingabe der URL. Besser ein Mal zu oft kontrollieren als ein Mal zu wenig. Ein Tippfehler hat zur Folge, dass deine Seite nicht gefunden werden kann!

So oder ähnlich funktioniert der Anmeldeprozess auch bei anderen Suchdiensten. Oft musst du auch Angaben zu den Inhalten deiner Webseiten machen. Überlege dir also schon vorher, wie du mit wenigen Worten den Inhalt deiner Website möglichst genau beschreiben kannst.

Besonders »schlaue« Menschen versuchen oft, ihre Websites mehrfach bei den Suchdiensten anzumelden, weil sie glauben, dass die Seiten dann besser gefunden werden. Dem haben viele Suchdienste aber einen Riegel vorgeschoben, indem sie zum Teil mehrfach angemeldete Seiten ganz aus ihren Datenbanken löschen. Mehrfachanmeldungen sind also eine riskante Sache und du solltest besser darauf verzichten.

Arbeite stattdessen lieber fleißig an deiner Website weiter. Suchdienste »bemerken« es nämlich, wenn sich eine Seite verändert hat. Diese Seiten werden dann in der Datenbank öfter aktualisiert und auf den neuesten Stand gebracht.

Adressen von Suchdiensten, bei denen du deine Website anmelden kannst:

Alta Vista:	www.altavista.de
Dino:	www.dino.de
Fireball:	www.fireball.de
LYCOS:	www.lycos.de
Web.de:	www.web.de
YAHOO:	www.yahoo.de

Anmelden mit Hilfe von Submit-Programmen

Das ist aber ganz schön lästig, wenn man auf diese Weise die Website bei allen Suchdiensten anmelden will.

Tatsächlich ist es so, dass es weltweit einige hundert oder gar tausend Suchdienste gibt. Allerdings macht es meistens ohnehin keinen Sinn, wenn du deine Website bei irgendwelchen Suchdiensten in den USA oder in Australien anmeldest. Außerdem sind viele dieser Suchdienste so unbedeutend, dass du sie getrost außer Acht lassen kannst.

Trotzdem gibt es immer noch eine ganze Reihe deutschsprachiger Suchdienste, bei denen sich eine Anmeldung lohnen könnte. Um dir dabei zu helfen, deine Seiten bei diesen Suchdiensten blitzschnell und automatisch anmelden zu können, gibt es spezielle Programme und Internet-Dienste.

Oftmals bietet schon dein Internet-Provider auf seinen Webseiten die Möglichkeit an, deine neue Website automatisch bei einer bestimmten Zahl von Suchdiensten anzumelden. Achte einmal darauf. Solche Angebote heißen meistens »Submit-Dienst« oder so ähnlich.

Adressen von Submit-Diensten

Fixx:	www.fixx.de
Klug suchen:	www.klug-suchen.de/
Self Promotion (englisch):	www.selfpromotion.com/
Submit it (englisch):	www.submit-it.com/

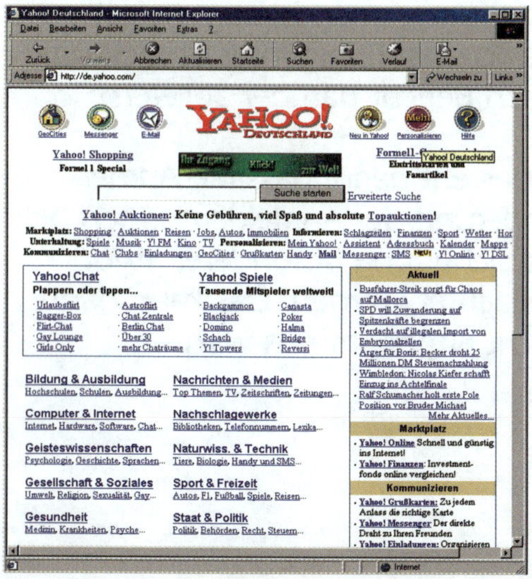

Eine typische Seite eines Submit-Dienstes

Submit-Software

Außer den Submit-Diensten im Internet gibt es auch noch einige Software-Programme, die das Anmelden deiner Webseiten bei vielen verschiedenen Suchdiensten übernehmen. Wenn du Glück hast, bekommst du sogar so ein Programm von deinem Internet-Provider kostenlos angeboten. Meistens muss man die Programme aber kaufen. Du musst dir dann überlegen, ob es sich für dich lohnt, Geld für die Software auszugeben, oder ob du die Anmeldungen lieber selbst vornimmst.

Die Submit Software »Hello Engines« hilft bei jedem Schritt mit Ratschlägen weiter.

Vor- und Nachteile von Submit-Diensten und -Software

Die Vorteile von Submit-Diensten liegen natürlich darin, dass du sehr viele Suchdienste erreichen kannst, um deine Website dort anzumelden. Oft ist es sogar so, dass die Submit-Dienste viel mehr Suchdienste kennen, als einem selbst so einfallen würden, wenn man die Anmeldung von Hand vornehmen wollte.

Ein besonderer Vorteil von einigen Submit-Programmen ist zum Beispiel auch, dass diese Programme in der Lage sind, den Erfolg ihrer Anmeldungen zu überprüfen und dir regelmäßig einen Bericht darüber abliefern.

Der große Nachteil vieler Submit-Dienste besteht darin, dass die Anmeldung automatisch abläuft, sodass jede Änderung der Anmelderoutinen bei einem Suchdienst oder oft auch die Berücksichtigung besonderer »Wünsche« einzelner Suchdienste dabei nicht beachtet werden. Das kann dann dazu führen, dass eine Anmeldung gar nicht angenommen wird.

Um die Vorteile der Submit-Dienste zu nutzen und die Nachteile zu umgehen, solltest du die Anmeldung deiner Seiten bei den großen deutschen Suchdiensten von Hand vornehmen und den Rest den Submit-Diensten überlassen. Achte dabei aber unbedingt darauf, dass du deine Site nicht mehrmals bei einem Suchdienst anmeldest.

Weitere Möglichkeiten, die Website bekannt zu machen

Eine der einfachsten Möglichkeit, eine Website bekannt zu machen, ist natürlich ...

... seinen Freunden, Verwandten und Bekannten davon zu erzählen!

Oder beim E-Mail-Schreiben einen Link mitschicken.

Stimmt! Außerdem kann man die Freunde auch bitten, einen Link zu unserer Website aufzunehmen.

Das ist eine gute Idee, das können wir von unserer Schulwebsite auf jeden Fall machen.

Außerdem gibt es noch die so genannten Meta-Tags, die automatisch durchsucht werden.

Meta was?

Na, Meta-Tags. Das sind Einträge im »Hintergrund« der Website, die Schlüsselworte zur Website enthalten. Nach diesen Meta-Tags suchen die Suchmaschinen und speichern sie unter den dort angegebenen Begriffen. Darum ist es ganz wichtig, sich über die Meta-Tags ausführlich Gedanken zu machen, bevor man sie einträgt.

OK, aber wo werden die Meta-Tags denn eingetragen?

Ganz einfach ...

... na, dann mal los!

1 Wähle im Menü Werkzeuge den Eintrag Siteeinstellungen.

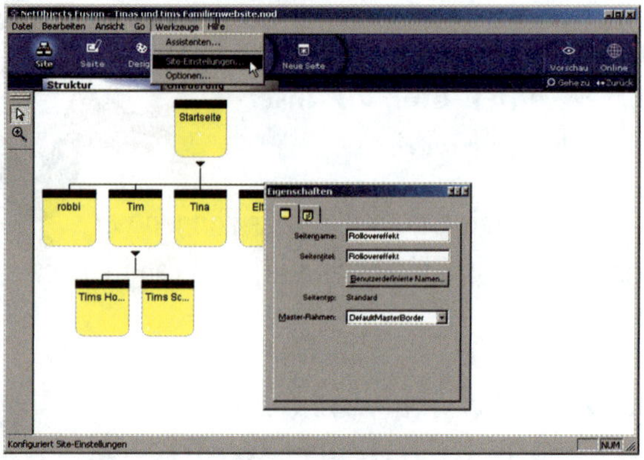

2 Klicke auf die Registerkarte Meta-Tags.

3 Tippe unter Schlüsselwörter die Begriffe ein, unter denen die Suchmaschinen die Site speichern sollen.

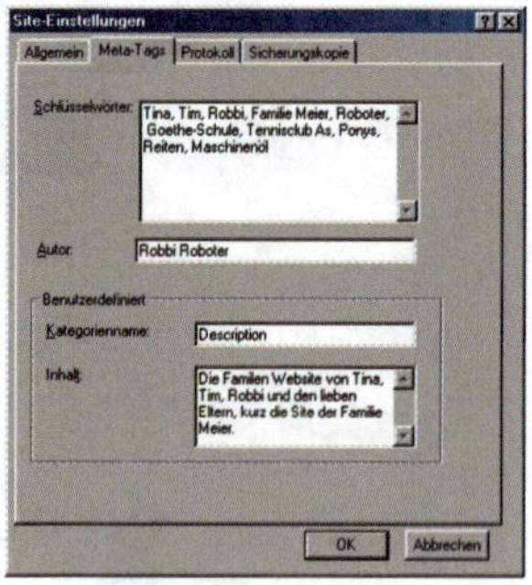

4 Klicke auf OK und fertig.

Na, das war ja nun wirklich nicht schwierig.

Bei den Suchmaschinen wird natürlich nicht alles von »Hand« eingetragen, dazu ist das Internet viel zu groß. Die Suchmaschinen benutzen Computerprogramme, die Robots und Spider heißen. Sie durchsuchen das Internet nach neuen Sites .

Robots und Spider?

Genau!

Was sind eigentlich Robots und Spider?

Robots und Spider, also auf Deutsch Roboter und Spinne, werden die automatischen Programme genannt, die im Auftrag von Suchmaschinen Tag und Nacht das Internet nach neuen Webseiten durchsuchen. Natürlich arbeiten diese Programme nach bestimmten Regeln. Sie bestimmen, welche Teile einer Website sie sich ganz besonders gut anschauen und welche Dinge auf einer Website dazu führen, dass diese gar nicht weiter untersucht wird. Je besser diese Spider-Programme mit deinen Webseiten zurecht kommen, desto besser werden deine Seiten auch bei den Suchmaschinen erfasst.

Achtung: Versuche nie mit irgendwelchen Tricks die Suchmaschinen zu überlisten, um einen besonders guten Platz in den Suchlisten zu erhalten. Solche Tricks führen oft dazu, dass deine Seite ganz aus dem Suchdienst gestrichen wird oder vielleicht erst ganz am Ende der Suchliste auftaucht.

Hier findest du noch mehr Infos rund um das Anmelden und um Suchmaschinen

http://www.klug-suchen.de

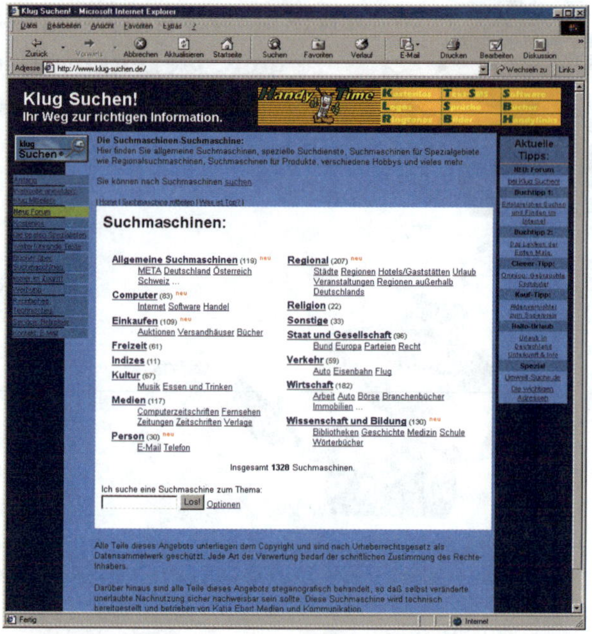

Jede Menge Infos über Suchdienste und die Möglichkeit, private Websites kostenlos bei vielen Suchdiensten anzumelden.

http://www.page-workshop.de/promoteA/index.html

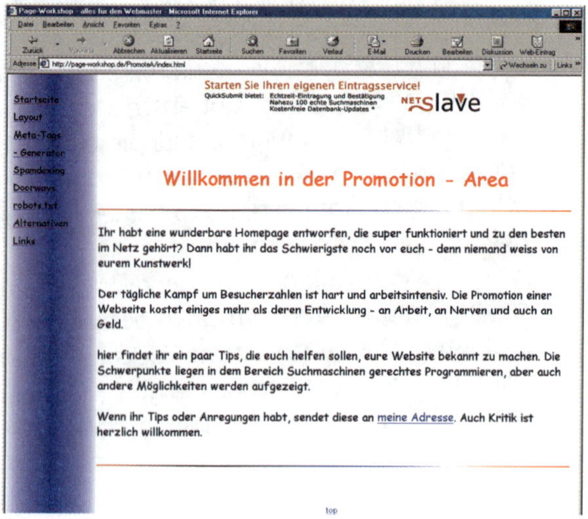

Tipps und Tricks rund um das Bekanntmachen von Websites.

So kannst du deine Website optimieren

Fast zum Schluss habe ich noch einen tollen Tipp für dich, wie du deine Webseiten immer wieder verbessern kannst.

Im Internet gibt es nämlich eine ganze Reihe von Anbietern, die eine kostenlose Analyse (das ist eine genaue Untersuchung) deiner Website vornehmen. Du erfährst dann zum Beispiel, wie gut deine Site bei verschiedenen Suchdiensten zu finden ist, ob du die optimalen Meta-Tags verwendet hast und viele weitere Dinge.

http://www.webmasterplan.com/de/

Hier findest du viele hilfreiche Informationen über deine Website.

Wie es weiter geht

Im Folgenden findest du eine Reihe von Hinweisen zu Webseiten oder Büchern, die dir helfen können, deine Fähigkeiten bei der Webseiten-Gestaltung zu verbessern. Besonders wichtig ist es jedoch, dass du möglichst viele Webseiten erstellst und alles ausprobierst, was dir so in den Sinn kommt. Auf diese Weise lernst du im Laufe der Zeit immer neue Tricks und Kniffe kennen, die dir bei der Arbeit helfen.

Auf der CD zu diesem Buch habe ich für dich schon mal ein paar Beispiele fertiggestellt, die du dir mal in Ruhe anschauen solltest. Du findest sie unter »Websites im Fusion Format« oder unter »Publizierte Websites«, je nachdem ob du dir die fertigen Seiten oder die Fusion-Orginaldateien anschauen möchtest.

Wenn du dich schon etwas sicherer fühlst, kannst du auch mal andere Web-Editoren ausprobieren. Ich wünsche dir dabei viel Erfolg ...

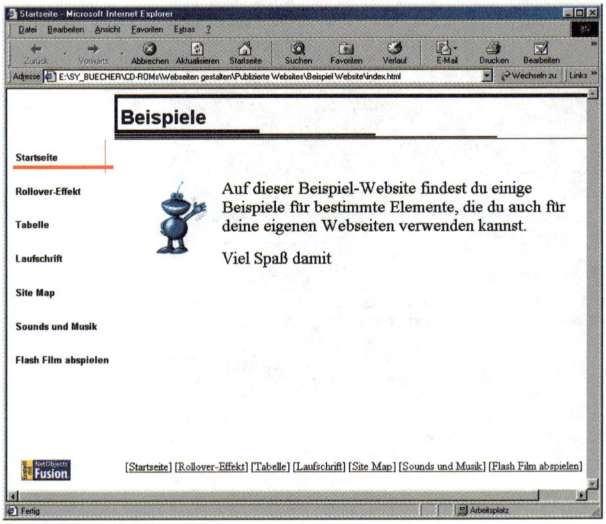

Hier findest du interessante Beispiele.

SICHERHEITSHINWEISE

Den folgenden Abschnitt solltest du unbedingt in Ruhe durchlesen. Am besten gemeinsam mit deinen Eltern.

Bevor du eine eigene Website ins Internet hochlädst, solltest du in jedem Fall mit deinen Eltern klären, was auf der Website stehen soll und was nicht.

Ich würde dir in jedem Fall raten, auf deiner Website nicht deine Adresse oder Telefonnummer bekannt zu geben. Vielleicht hast du schon einmal gehört, dass manche Erwachsene Kinder belästigen oder sogar entführen. Solche Menschen finden ihre Opfer nicht selten im Internet.

Behalte also deine persönlichen Daten im Internet immer für dich. Das gilt nicht nur beim Chatten, sondern auch bei deiner eigenen Website.

Ich habe dazu folgende Vorschläge:

1. Suche dir für deine Website einen Spitznamen aus, unter dem du dort auftrittst. Nenn dich einfach »Super-Man« oder »Super-Girl«, »DJ TamTam« oder »Spider« (das passt gut zum Internet). Oder wie wär's mit »Robbi der Zweite«?
   Wie auch immer du dich nennst, vermeide es, deinen wirklichen Namen bekannt zu geben.

2. Das Gleiche gilt natürlich für deine Adresse oder Telefonnummer. Beides hat auf deiner Website nichts zu suchen. Wenn jemand Kontakt zu dir aufnehmen möchte, gibt's schließlich E-Mail. Das ist auch schneller und billiger.

3 Wenn du irgendwelche merkwürdigen Mails bekommst oder jemand über das Internet Kontakt zu dir aufnimmt, der dir irgendwie unheimlich oder unangehm ist, benachrichtige bitte sofort deine Eltern. Das gilt ganz besonders, wenn dich jemand einladen oder sich mit dir treffen will.

4 Bilder auf deiner Website

Pass gut auf, dass du auf deiner Website keine Dinge anbietest, die gegen das Gesetz verstoßen. Benutze für deine Webseiten immer nur solche Bilder oder Animationen, die du entweder selbst gemacht hast oder bei denen du ganz sicher sein kannst, dass derjenige, dem die Bilder gehören, nichts dagegen hat. Manche Bilder darfst du zum Beispiel nur für private Homepages verwenden. Sobald auf deiner Seite etwas zum Verkauf angeboten wird, dürfen diese Bilder dann nicht mehr gezeigt werden.
Wenn du unsicher bist, versuche einfach eine kurzes »OK« vom Hersteller der Bilder zu bekommen. Die freuen sich meistens, wenn man sie fragt, und erteilen fast immer die Erlaubnis.

Sei besonders vorsichtig bei der Abbildung von bekannten Comic-Figuren. Diese Bilder werden auf vielen Webseiten zum Downloaden angeboten. Ihre Benutzung im Internet ist aber in fast allen Fällen streng verboten.

5 Musik auf deiner Website

Bei Musikdateien gilt im Prinzip das Gleiche wie für die Bilder. Du kannst davon ausgehen, dass jede MP3-Datei einer bekannten Band, einer bekannten Sängerin oder eines bekannten Sängers geschützt ist. Du darfst diese Musikdateien also nicht zum Anhören oder gar zum Download anbieten. Auch wenn du ein großer Fan deiner Lieblingsband bist. Das ist leider verboten.

6 Vermeide Links auf Webseiten, auf denen illegale Dinge angeboten werden. Hier musst du ganz besonders vorsichtig sein. Unter Umständen reicht es nämlich schon aus, wenn ein Link von deiner Website auf eine andere führt, auf der etwas Verbotenes geschieht oder angeboten wird.

So solltest du zum Beispiel niemals Links auf deiner Website zeigen, die auf Seiten führen, auf denen zum Beispiel verbotene MP3-Dateien, Raubkopien oder Cracks für Programme angeboten werden.

Am besten schreibst du schon auf der Startseite deiner Homepage, dass du keine Verantwortung für den Inhalt von Seiten übernimmst, die irgendwie mit deiner Website verbunden sind.

Ein Beispiel für einen so genannten Disclaimer findest du hier:

Ich möchte ausdrücklich betonen, dass ich keinerlei Einfluss auf die Gestaltung und die Inhalte der gelinkten Seiten habe. Deshalb distanziere ich mich hiermit ausdrücklich von den Inhalten aller gelinkten Seiten auf meiner Homepage. Diese Erklärung gilt für alle auf meiner Homepage angebrachten Links und für alle Inhalte der Seiten, zu denen die Banner führen. Der Verfasser dieser Seite trägt keine Verantwortung für die Art, in der die hier zur Verfügung gestellten Informationen genutzt werden.

7 Vermeide unbedingt negative Äußerungen über andere

Im Internet ist es verboten, andere Menschen oder auch Firmen zu beleidigen oder schlechte Dinge über sie zu verbreiten. Dies solltest du vor allem auf einer Website niemals machen. Die Veröffentlichung im Internet ist etwas anderes, als wenn du es deinen Freunden nur erzählst.

8 Benutze auf deinen Webseiten keine Namen von bekannten Firmen oder Produkten. Die sind meist geschützt und es kann für dich teuer werden, wenn du selbst damit Werbung machst.

9 Falls du einen Vertrag mit einem Internet-Provider abschließen willst, musst du in jedem Fall deine Eltern fragen. Bevor du nicht 18 Jahre alt bist, darfst du solche Verträge nicht alleine abschließen.

Wichtige Adressen im Internet

Zum Thema »Webseiten gestalten« gibt im Internet eine riesige Menge an Informationen und Programmen, die dir beim Lernen und beim Arbeiten helfen können.

Ich habe auf den folgenden Seiten einmal ein paar gut gemachte Websites für dich herausgesucht. Dort findest du zum Teil auch so genannte Foren. Ein Forum kannst du dir vorstellen wie ein »schwarzes Brett« in der Schule. Jeder kann hier eine Nachricht hinschicken und jeder kann die Nachrichten lesen. Wenn du mal mit einem Web-Problem überhaupt nicht mehr weiter weißt, kannst du in einem Forum andere Teilnehmer fragen, wie das funktioniert. Oft ist es auch sehr nützlich, die Beiträge der anderen Teilnehmer einfach nur mit zu lesen. Dabei kann man eine Menge lernen.

Ach ja, eins muss ich dir noch sagen, wenn du Webseiten, Bilder, Musik oder andere Dinge aus dem Internet für deine eigenen Webseiten verwenden willst, musst du darauf achten, dass der Besitzer, der diese Dinge im Internet zur Verfügung stellt, sie zum allgemeinen Gebrauch frei gegeben hat.

Hilfreiche Webseiten

http://www.teamone.de/selfaktuell/

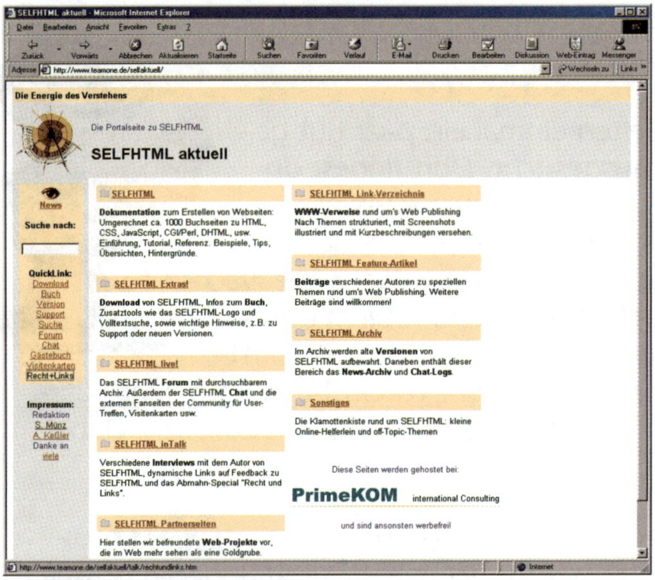

http://www.drweb.de/

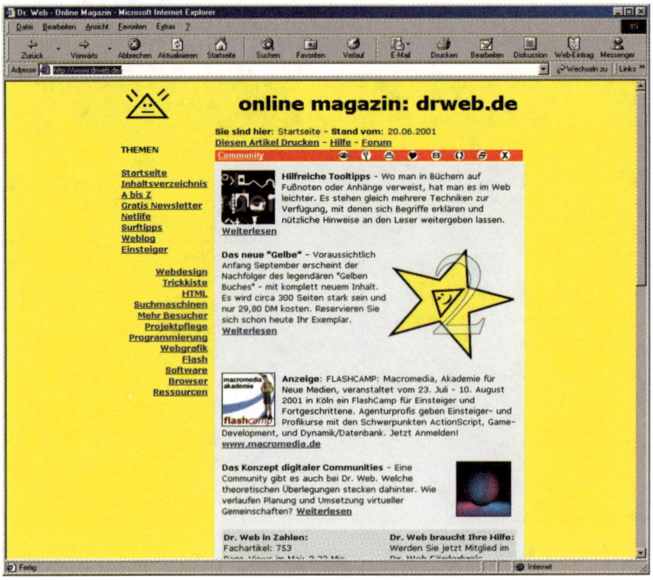

Kleines Englisch-Wörterbuch für Webseiten-ProgrammiererInnen

Viele Wörter, Befehle oder Funktionen von HTML stammen direkt aus der englischen Sprache. Deshalb kann es beim Programmieren sehr nützlich sein, wenn man gut Englisch kann. Für den Anfang habe ich dir hier mal die wichtigsten englischen Begriffe aufgeschrieben, die beim Programmieren oft vorkommen. Ich wette, du hättest nicht gedacht, dass du in diesem Buch auch noch Vokabeln pauken sollst. Mach es trotzdem. Es lohnt sich ...

Area	Bereich
Big	Groß
Body	Körper (oder der Mittelteil einer Seite)
Button	Knopf oder Schaltfläche
Caption	Überschrift
Center	Mitte
Dot	Punkt (der Punkt in einer Webadresse)
Font	Zeichensatz
Form	Formular
Head	Kopf (oder der Kopfbereich einer Seite)
Image	Bild
Input	Eingabe
Label	Bezeichnung, Beschriftung
Map	Karte, Landkarte
Style	Stil
Table	Tabelle
Text area	Textbereich
Title	Titel

Gute Bücher zum Weiterlernen und Nachschlagen

Wenn du ein Buch suchst, mit dem du weiter lernen kannst, solltest du in eine große Buchhandlung gehen und dir die Bücher zu diesem Thema genau anschauen. Achte darauf, dass in dem Buch, das du dir aussuchst, die Themen behandelt werden, die dich auch interessieren. Achte beim Kauf darauf, dass der Autor so schreibt, dass du verstehst, worum es geht. Manche Autoren richten sich nur an fortgeschrittene Programmierer. Wenn du dann nur »Bahnhof« verstehst, ist das Buch für dich nicht geeignet. Wichtig ist auch, dass die Programmbeispiele auf einer CD im Buch oder zumindest im Internet verfügbar sind. Wenn du gut Englisch kannst, ist die Auswahl an guten Büchern noch viel größer. Manche besonders interessanten Bücher gibt es nur in Englisch. Aber was soll's? Auf diese Weise lernst du auch noch Englisch. Deine Eltern wird das sicher freuen und vielleicht finanzieren sie das Buch dann sogar.

Wenn du mit einem Web-Editor wie Fusion arbeiten willst, solltest du natürlich darauf achten, dass dieser Editor auch in dem Buch behandelt wird, das du dir aussuchst.

Ich habe dir hier einen Buchtitel aufgeschrieben, von dem ich meine, dass du damit gut weiter lernen kannst. Schau aber auf jeden Fall selbst einmal in einer großen Buchhandlung nach, ob du etwas Passendes findest.

Balance Textart: NetObjects Fusion 5 (aus der Reihe 2 h afterwork). Erschienen im Sybex Verlag.

Allgemeine Hinweise für Eltern

Sie haben sich entschlossen, Ihrem Kind die vielfältige Welt der Computer näher zu bringen. Damit haben Sie bereits einen wichtigen Schritt für die Zukunft Ihres Kindes getan. Denn PC- und Internet-Kenntnisse sind heute in Schule und Beruf unverzichtbar. Alles, was Ihr Kind heute am PC lernt, wird es in der Schule oder später im Beruf sinnvoll anwenden können. Bedingt durch die Vereinheitlichung der PC-Bedienung unterschiedlichster Programme kann jedes neu erworbene Wissen auch auf andere Bereiche der PC-Arbeit übertragen werden. Im Folgenden erhalten Sie einige Hinweise, wie Sie gemeinsam mit Ihrem Kind dieses Buch besonders sinnvoll benutzen können.

Übung macht den Meister

Ohne Training und Übung nützt der beste Unterricht nur wenig. Geben Sie Ihrem Kind aus diesem Grund die Möglichkeit, regelmäßig an einem PC zu üben, zu arbeiten oder auch nur zu spielen. Erst durch das regelmäßige Training wird Ihr Kind zu einem sicheren Computeranwender. Falls Sie Bedenken haben, Ihr Kind an Ihrem eigenen PC arbeiten zu lassen, sollten Sie die Anschaffung einer Wechselfestplatte in Erwägung ziehen. Dann kann Ihr Kind nach Herzenslust herumexperimentieren, ohne dass Sie um Ihre Daten zu fürchten brauchen.

Gemeinsam geht's besser

Nehmen Sie sich, wann immer es geht, die Zeit, dieses Buch mit Ihrem Kind gemeinsam durchzuarbeiten, oder lassen Sie sich regelmäßig von Ihrem Kind erklären, was es neu gelernt hat. Falls Sie mehrere Kinder haben, versuchen Sie sie dazu zu motivieren, gemeinsam die Übungen am PC durchzuführen oder initiieren Sie einen gemeinsamen Lernnachmittag mit Freunden Ihres Kindes. Auf diese Weise erlernt Ihr Kind leichter und mit mehr Spaß den Umgang mit dem Computer.

Setzen Sie Zeitlimits

Kinder neigen dazu, beim Arbeiten und Spielen mit Computern völlig die Zeit zu vergessen. Da kann es leicht passieren, dass auch ein regenfreier Nachmittag vollständig am Computer verbracht wird, ohne dass das Kind zum Toben oder Spielen mit anderen Kindern kommt. Einigen Sie sich deshalb mit Ihrem Kind auf ein Zeitlimit für die Arbeit am PC, das genau eingehalten wird. Erstellen Sie einen Plan,

wann Ihr Kind wie lange am Computer spielen oder arbeiten darf. Wenn Sie sich genau an die Abmachungen halten, wird auch Ihr Kind diese Zeiten akzeptieren. Eine Stunde täglich ist übrigens mehr als ausreichend.
Wenn Sie diese Ratschläge befolgen, wird Ihr Kind viel Freude und Erfolg bei der Arbeit mit diesem Buch haben.

Welche Software ist richtig für Ihre Kinder?

Der Markt für Kindersoftware wird immer größer und damit auch unübersichtlicher. Aus diesem Grund ist es schwierig, einzelne Softwareprodukte zu bewerten oder auch nur zu beschreiben. Dennoch kann man sagen, dass die Qualitätsunterschiede zwischen verschiedenen Produkten durchaus immens sind. So finden die geplagten Eltern in den überfüllten Regalen neben manchen hochwertigen und pädagogisch sinnvollen Programmen leider auch viel zu oft völlig ungeeignete Produktionen, die die Kinder bestenfalls langweilen, oft aber auch mit völlig ungeeigneten Inhalten konfrontieren.
Das Ende vom Lied ist dann entweder, dass die ja häufig nicht gerade preiswerten Programme im Regal verstauben oder dass unerwünschte Effekte wie zum Beispiel stundenlange »Ballerorgien« im Kinderzimmer eintreten.
Trotzdem sind Eltern nicht ganz hilflos, wenn es darum geht, zum Geburtstag oder Weihnachten ein kindgerechtes Programm zu erwerben, das vielleicht sogar noch eine positive Auswirkung auf die Schulnoten haben kann.

Mittlerweile gibt es verschiedene Publikationen in Form von Büchern oder auch spezielle Rubriken in verschiedenen Zeitschriften, die Kinderprogramme testen und bewerten. Das bietet zwar keine endgültige Sicherheit, liefert aber doch schon wichtige Vorabinformationen.
Grundsätzlich sollten Sie jedes neue Programm mindestens einmal mit

Ihrem Kind gemeinsam durchspielen, damit Sie wissen, womit Ihr Kind sich unter Umständen stundenlang beschäftigt. Auch sind Kinder trotz der bunten Oberflächen vieler Programme oft mit der Bedienung und Steuerung überfordert, da diese häufig nicht besonders kindgerecht ist.
Solche Programme werden von den Kindern oft gemieden, obwohl sie mit ein wenig Anleitung durchaus einigen Spiel- und Lernspaß versprechen würden.
Da es nach wie vor keine ausreichenden gesetzlichen (oder keine befriedigende Umsetzung der bestehenden) Regelungen bezüglich des Verkaufs von Computerspielen an Kinder und Jugendliche gibt, sollten verantwortungsvolle Eltern ohnehin ab und zu einen Blick auf die Software werfen, die der Nachwuchs auf dem PC installiert hat. Nicht selten verbergen sich dahinter brutale und Gewalt verherrlichende Spiele, die – wenn überhaupt – nur Erwachsenen zugänglich sein sollten.

Rechtliche Aspekte

Für Eltern und Lehrer ist es nicht immer leicht zu durchschauen, welche Software von Kindern gekauft, getauscht, kopiert und genutzt wird. Machen Sie deshalb Ihren Kindern klar, dass Software ein besonderer Gegenstand ist, der bei falscher oder rechtswidriger Benutzung fatale Konsequenzen nach sich ziehen kann.
Achten Sie darauf, dass Ihre Kinder keine Raubkopien von Programmen einsetzt und nicht im Besitz von indizierten Programmen ist. Kinder haben oft keinerlei Unrechtbewusstsein, was das Kopieren und Weitergeben von Computerspielen an Freunde angeht. Auch wenn dieses Verhalten zum Teil durch die überhöhten Preise der Spieleindustrie gefördert wird, macht Ihr Kind sich strafbar, wenn es Kopien von eigenen Programmen herstellt und diese weitergibt. Diese Straftaten werden (auch wenn sie wie Kavaliersdelikte erscheinen) von den Behörden und der Industrie zunehmend härter verfolgt und bestraft.

Raubkopien sind widerrechtlich hergestellte Kopien von Originalprogrammen. Grundsätzlich gilt für Software, dass der Benutzer höchstens eine Sicherheitskopie für den eigenen Bedarf herstellen darf. Jede weitere Kopie und vor allem die Weitergabe an Dritte ist ausdrücklich untersagt.

Indizierte Programme sind solche, die wegen ihres Inhaltes in Deutschland nicht verkauft werden dürfen. Meist handelt es sich dabei um extrem brutale Spiele, die Kindern ohnehin nicht zugänglich gemacht werden sollten. Leider können Kinder diese Programme oft trotz der Indizierung problemlos erwerben.

Das Computerlexikon

Im Computerlexikon werden die wichtigsten Begriffe und Fachwörter aus der Computersprache erklärt. Falls du hier ein Wort suchst und nicht finden kannst, schreib mir doch einfach mal eine E-Mail. Meine E-Mail-Adresse lautet:

robbi.roboter@linomail.de

Absturz

Absturz nennt man den Zustand eines Computers, wenn ein Programm überhaupt nicht mehr funktionieren will, und wenn man es auch nicht mehr beenden kann. Oft hilft dann nur, den Computer aus- und wieder einzuschalten. Dabei können aber Daten verloren gehen. Bevor du also auf den Reset-Schalter drückst, frag' lieber deine Eltern!

Account

Ein Account (sprich: »äkount«) ist ein Konto bei einem Internet-Anbieter. Über deinen Account (oder den deiner Eltern) kannst du dich im Internet anmelden. Wenn es um E-Mails geht, spricht man auch von einem E-Mail-Account. Das ist dann das E-Mail-Postfach, das du oder deine Eltern bei ihrem Internet-Provider haben.

Alt-Taste

Die [Alt]-Tasten findest du links und rechts neben der Leertaste (das ist die ganz lange Taste unten auf der Tastatur). Bei manchen Programmen muss man eine [Alt]-Taste zusammen mit einer anderen Taste drücken, um eine bestimmte Funktion auszuführen.

Animation

Unter Animation versteht man alles, was sich auf dem Bildschirm bewegt. In Computerspielen gibt es meistens viel Animation, oft auch in Lernprogrammen. Programme zum Arbeiten, wie zum Beispiel ein Textverarbeitungsprogramm, haben meist keine Animationen.

Anmelden

Wenn du ins Internet willst oder deine E-Mails abholen möchtest, musst du dich im Normalfall erst einmal anmelden. Das Anmelden geschieht, indem du deinen Namen und ein Kennwort oder ein Passwort eingibst. Erst wenn du alles richtig eingegeben hast, wird die Verbindung zum Internet hergestellt. Dein Passwort darfst du natürlich nie jemandem verraten. Das Anmelden nennt man manchmal auch »Einloggen« oder »Log in«.

Anwender

Ein Anwender ist jede Person, die einen Computer benutzt; also auch du. Auf Englisch nennt man Anwender auch »User« (sprich: »juser«).

Anwendungsprogramm

Anwendungsprogramme werden alle Programme genannt, mit denen man arbeiten und etwas herstellen kann. Textverarbeitung und Grafikprogramme sind Anwendungsprogramme. Spiele gehören zum Beispiel nicht zu den Anwendungsprogrammen.

Arbeitsplatz

Oft wird ein einzelner Computer auch als Computerarbeitsplatz oder einfach als Arbeitsplatz bezeichnet.

Arbeitsspeicher

Der Arbeitsspeicher ist das Gedächtnis des Computers. Während der Arbeit werden hier alle Informationen aufbewahrt. Beim Ausschalten des Computers werden alle Informationen aus dem Arbeitsspeicher gelöscht. Erst durch das Speichern werden Informationen auf die Festplatte gesichert. Deshalb sollte man seine Arbeit immer regelmäßig auf der Festplatte speichern.

Audiodaten

Audiodaten oder Audiodateien sind solche Daten, die Töne in Form von Musik, Geräuschen oder Sprache beinhalten. Audiodateien können in unterschiedlichen Formaten vorliegen. Zum Beispiel als WAV- oder als MP3-Dateien. Du erkennst die Formate an der Dateiendung. Um die Audiodateien anzuhören, brauchst du in manchen Fällen ein spezielles Abspielprogramm.

Auflösung

Die Auflösung betrifft die Einstellungen für den Computermonitor. Je höher die Auflösung ist, desto mehr passt auf den Bildschirm. Allerdings werden alle Dinge bei höheren Auflösungen immer kleiner. Deshalb braucht man für ganz hohe Auflösungen einen besonders großen Monitor. Die Farbauflösung gibt an, wie viele Farben ein Monitor oder eine Grafikkarte darstellen kann. Die meisten Computer können Millionen verschiedener Farben anzeigen.

Ausgabegeräte

Ausgabegeräte sind alle Geräte, die an den Computer angeschlossen werden, und über die etwas vom Computer ausgegeben wird. Beispiele dafür sind der Monitor und der Drucker.

Backslash

Das Zeichen »\« wird Backslash (sprich: »bäcksläsch«) genannt. Du musst das Zeichen nur selten auf der Tastatur eingeben. Wenn du es benötigst, kannst du es durch gleichzeitiges Drücken der Tasten [AltGr] und [ß] erzeugen.

Backspace-Taste

Die Backspace-Taste [⇦] (sprich: »bäckspäis«) befindet sich direkt über der Return-Taste [↵]. Auf ihr ist ein Pfeil abgebildet, der nach links zeigt. Mit der [⇦]-Taste kannst du zum Beispiel in einem Text den Buchstaben löschen, der links vom Cursor steht.

Backup

Als Backup (sprich: »bäckapp«) bezeichnet man jede Art von Datensicherung. Datensicherungen sind Kopien der Daten, die auf der Festplatte des Computers gespeichert sind. Damit die Daten nicht verloren sind, falls der Computer einmal nicht mehr funktioniert, kopiert man alle Daten auf unterschiedliche Datenträger und bewahrt diese gut auf. Wenn die Originaldaten einmal zerstört werden, kann man mit den Kopien weiterarbeiten.

BASIC

BASIC (sprich: »bäisik«) ist der Name einer der ersten Programmiersprachen, die erfunden wurden, um Computerprogramme zu schreiben. BASIC gibt es auch heute noch, zum Beispiel als Programmiersprache »Visual Basic«.

Benutzerkonto

Schau unter »Account« nach!

Benutzeroberfläche

Als Benutzeroberfläche eines Programms wird all das bezeichnet, was du sehen kannst, wenn du ein Programm startest. Bei guten Benutzeroberflächen verstehst du ziemlich schnell, wie du mit dem Programm arbeiten musst und wie alles funktioniert. Bei einer schlechten Benutzeroberfläche musst du ständig im Handbuch nachlesen, wie das Programm bedient wird. Mit schlechten Benutzeroberflächen zu arbeiten, macht meist keinen Spaß.

Betriebssystem

Das Betriebssystem ist das wichtigste Programm des Computers. Es wird automatisch gestartet, wenn der Computer eingeschaltet wird. Das Betriebssystem sorgt dafür, dass der Computer richtig funktioniert. Es ist für alles verantwortlich, was in den Computer hineingeht und herauskommt. Die meisten Computer arbeiten mit dem Betriebssystem Windows. Es gibt aber auch noch andere Betriebssysteme wie zum Beispiel »Linux« oder »MacOS«.

Bildschirmschoner

Wenn ein Monitor zu lange das gleiche Bild anzeigt, ohne dass sich auf dem Bildschirm irgendetwas ändert, kann es vorkommen, dass sich das Bild auf dem Monitor einbrennt. Das heißt, dieses Bild ist auch später immer noch als Schatten zu sehen, selbst dann, wenn der Monitor etwas anderes anzeigt. Um das zu vermeiden gibt es so genannte Bildschirmschoner. Ist ein Bildschirmschoner eingeschaltet, werden nach einer bestimmten Zeit, in der sich nichts auf dem Bildschirm verändert hat, bewegte Bilder angezeigt, die das Einbrennen verhindern.

Bitmap

Ein Bitmap (sprich: »bitmäpp«) ist ein spezielles Format, in dem Grafiken und Bilder gespeichert werden können. Bei Bitmaps besteht jedes Bild aus vielen kleinen Punkten, so genannten Pixeln.

Bookmark

Schau unter »Favorit« nach!

Booten

Booten (sprich: »buhten«) nennt man den Startvorgang des Computers. Beim Booten wird nicht nur das Betriebssystem des Computers geladen, sondern es werden auch alle wichtigen Grundfunktionen des Computers überprüft. Wenn der Computer beim Booten feststellt, dass irgendetwas nicht richtig funktioniert, gibt er eine Fehlermeldung auf dem Monitor aus.

Browser

(sprich: »brauser«) »to browse« heißt auf englisch so viel wie »durchblättern«. Und genau das kann auch ein Browser. Ein Internet-Browser blättert sozusagen durchs Internet. Der Internet-Explorer von Microsoft ist zum Beispiel ein solches Programm, mit dem du dir Seiten im Internet anschauen und durch Klicken auf Bilder und Links zu anderen Seiten wechseln kannst. Die meisten Internet-Browser bieten darüber hinaus noch mehr Möglichkeiten, wie zum Beispiel das Speichern von Internet-Adressen oder von ganzen Web-Seiten. Außer dem Internet-Explorer gibt es noch andere Browser, zum Beispiel den »Netscape Communicator« oder den Browser »Opera«.

Bug

Ein Bug (sprich: »bagg«) ist ein Fehler in einem Computerprogramm. Solche Fehler sind gar nicht so selten. Wenn also irgendetwas mal gar nicht funktionieren will, könnte es auch ein Bug sein. Übrigens heißt der Bug so, weil in einem der ersten Computer ein Käfer (auf englisch heißen Käfer »bugs«) einen Kurzschluss, also einen Fehler, verursacht hat.

Bugfix

Ein Bugfix ist die Behebung eines Fehlers in einem Softwareprogramm. Häufig werden kleine Bugfix-Programme nachträglich installiert, um bestimmte Fehler bei bereits installierten Programmen zu beheben. Das kommt zum Beispiel bei Computerspielen ziemlich häufig vor.

CD-ROM

Eine CD-ROM ist eine flache silberne Scheibe, die genauso aussieht wie eine Musik-CD. Auf einer CD-ROM können Daten und Programme gespeichert werden. Der Vorteil von CD-ROMs besteht darin, dass auf ihnen sehr viel Platz zur Speicherung von Daten vorhanden ist. Deshalb sind auf CD-ROMs oft Programme gespeichert, die viele Bilder, Klänge oder Videos enthalten.

CeBit

CeBit ist der Name einer der größten Computermessen der Welt. Eine Messe ist so etwas wie ein großer Marktplatz, wo alle Leute etwas verkaufen oder kaufen wollen. Auf der CeBit-Messe, die jedes Jahr in Hannover stattfindet, zeigen alle großen Computerhersteller und Softwarefirmen ihre neuesten Geräte und Programme.

CGI

Das »Common Gateway Interface« (CGI) ist eine Möglichkeit für deinen Computer, direkt Daten an einen Server im Internet zu übertragen. Das geschieht zum Beispiel, wenn du im Internet ein Formular ausfüllst, etwa um deinen Namen oder deine E-Mail-Adresse einzutragen.

Channel

Ein Channel (sprich: »tschännel«) ist ein Kanal, über den du mit Freunden oder auch mit ganz unbekannten Personen chatten kannst. Ähnlich wie beim Radio oder Fernsehen haben die einzelnen Kanäle bestimmte Themen. Wenn du dich also für Pop-Musik interessierst, wählst du zum Beispiel den Pop-Channel. Als Fußball-Fan bist du allerdings im Sport-Channel besser aufgehoben.

Chat

(sprich: »tschätt«) Im Englischen heißt »to chat« einfach »plaudern« oder »sich unterhalten«. Genau das kannst du im Internet auf bestimmten Chat-Servern auch tun. Wenn du dich in einen Chat-Raum oder in einen Chat-Kanal begibst, kannst du alles mitlesen, was die anderen Chatter zu »sagen« haben. Und du kannst ihnen natürlich auch antworten.

Client

Client (sprich: »kleient«) bedeutet Kunde. Bezeichnet werden damit Computer oder Programme, die als »Kunden« bestimmte Dinge oder Dienste von einem Anbieter (Server) anfordern. Zum Beispiel ist dein Computer ein Client des Internet-Servers und dein E-Mail-Programm ist ein E-Mail-Client, der vom Mail-Server Dienste anfordert.

Cookie

Ein Cookie (sprich: »kucki«) ist eine kleine Datei, die ein Internet-Server meist ohne dein Wissen auf deinem Computer speichert. Durch das Cookie können er oder andere Server im Internet später feststellen, wo du schon überall hingesurft bist. Manche Cookies können auch Informationen wie zum Beispiel deinen Namen speichern. Wundere dich also nicht, wenn du auf eine Web-Seite kommst und sofort mit deinem richtigen Namen begrüßt wirst. Man kann die Annahme von solchen Cookies aber auch im Browser sperren oder Programme benutzen, die die Cookies automatisch immer wieder löschen.

CPU

CPU ist die Abkürzung für »Central Processing Unit«. Das ist englisch und ist die Bezeichnung für das wichtigste Teil des ganzen Computers. Die CPU (oder der Zentralprozessor) befindet sich im Computergehäuse auf der Hauptplatine. Die meisten CPUs werden von den Firmen Intel und AMD hergestellt. Am Namen der CPU kannst du oft erkennen, wie schnell sie arbeitet. Insbesondere für Computerspiele benötigt man besonders schnelle CPUs.

Cursor

Der Cursor (sprich: »körser«) ist der kleine blinkende Strich, der dir in einem Textverarbeitungsprogramm anzeigt, an welcher Stelle du gerade schreibst. Schau dir das einmal im Programm WordPad an, dann siehst du den Cursor sofort. Oft wird auch der Mauszeiger als Cursor bezeichnet. Dann spricht man von einem Mauscursor.

Cyberspace

Als Cyberspace bezeichnet man die künstliche Welt im Internet. Der Name wurde von einem Science-Fiction-Autor namens William Gibson erfunden, der spannende Bücher darüber schreibt, wie das Internet die Welt in der Zukunft verändern kann.

Datei

Eine Datei ist eine gespeicherte Einheit, die die unterschiedlichsten Dinge enthalten kann. Wenn du zum Beispiel einen Brief mit einem Textverarbeitungsprogramm schreibst und ihn abspeicherst, entsteht eine Datei. Genauso gut kann eine Datei ein Bild oder Musik enthalten. Dateien, die zu Programmen gehören, kann man nicht lesen, anschauen oder anhören. Auf der Festplatte des Computers sind manchmal tausende von Dateien gespeichert. Damit kein Durcheinander entsteht, werden Dateien in Ordnern organisiert.

Datenbank

Eine Datenbank funktioniert wie ein gutes Notizbuch, in dem die Seiten nach Buchstaben geordnet sind. In einem Datenbankprogramm kann man zum Beispiel Adressen von Freunden und Bekannten oder alle möglichen anderen Dinge sammeln. Das Datenbankprogramm sortiert die Daten dann zum Beispiel nach dem Alphabet, und man kann alles blitzschnell wiederfinden.

Datenschutz

Viele Daten, die gespeichert werden, enthalten Informationen über verschiedene Leute. Da nicht jeder möchte, dass seine persönlichen Daten für andere zugänglich sind, gibt es Datenschutzgesetze. Ein solches Gesetz besagt zum Beispiel, dass Daten über andere Personen geheim gehalten werden müssen und nicht einfach weitergegeben werden dürfen.

Datenträger

Datenträger ist die allgemeine Bezeichnung für Disketten, CD-ROMs, Festplatten, Datenbänder und alle anderen so genannten Medien, auf denen Daten gespeichert werden können.

Datenübertragung

Bei einer Datenübertragung werden Daten oder Programme von einem Computer auf einen anderen übertragen. Je nachdem, wie die Computer miteinander verbunden sind, kann eine Datenübertragung direkt über Netzwerkkabel oder auch über Telefonverbindungen und über das Internet stattfinden.

Diskette

Eine Diskette ist ein Datenträger, auf dem Daten und Programme gespeichert werden können. Disketten eignen sich gut dazu, kleinere Datenmengen von einem Computer zum anderen zu transportieren. Für größere Datenmengen sind sie wegen ihrer geringen Speicherkapazität nicht geeignet. Aus diesem Grund werden heute nur noch wenige Programme auf Disketten ausgeliefert. Stattdessen werden fast immer CD-ROMs oder DVDs verwendet.

DNS

DNS ist die Kurzform von »Domain Name System«. Dieses System legt fest, wie Computer im Internet benannt werden. Jeder Computer braucht nämlich im Internet einen eindeutigen Namen, damit er Daten verschicken und empfangen kann.

Domäne (Domain)

Eine Internet-Domain ist eine Website, die einen eigenen DNS-Namen hat. Du kannst also einfach zu dieser Website gelangen, indem du ihren Namen in die Adresszeile deines Internet-Browsers eingibst. Deshalb werden die Begriffe »Website« und »Domain« auch häufig gleich verwendet.

Download

Ein Download (sprich: »daunlohd«) ist das Herunterladen von Daten von einem anderen Computer. Das bedeutet, dass von dem anderen Computer Dateien wie zum Beispiel Texte, Bilder oder Musik auf deinen Computer übertragen werden. Das Gegenteil vom Download ist eine »Upload«.

E-Mail

E-Mail (sprich: »imehl«) ist die Bezeichnung für elektronische Post, die in Netzwerken zwischen Computern verschickt werden kann. Genau wie bei einem normalen Brief wird eine E-Mail-Nachricht von dem Computer des Absenders losgeschickt und landet dann in der so genannten Mailbox, also im Briefkasten des Empfängers.

E-Mail-Adresse

Um E-Mails empfangen zu können, benötigt man eine E-Mail-Adresse. Diese Adresse bekommt man von seinem Internet-Provider, oder man kann sie sich selbst aussuchen. E-Mail-Adressen bestehen immer aus folgenden Teilen: Zuerst kommt der Name des Empfängers, dann kommt das so genannte AT-Zeichen (@) und danach der Name des Computers im Internet, bei dem der Empfänger sein E-Mail-Postfach hat. Zum Beispiel: robbi.roboter@linomail.de

Einloggen

Schau unter »Anmelden« nach!

Emoticons

Das sind kleine Symbole, die beim Chatten dazu benutzt werden, um Gefühle oder Stimmungen anzuzeigen, die man ja ansonst nicht erkennen kann. Beispiele sind :-) , :-(oder ;-) . Emoticons werden oft auch Smileys genannt. Kannst du dir vorstellen warum?

Explorer

Der Windows-Explorer ist ein Programm, das dir eine genaue Übersicht über alle Dateien gibt, die auf deinem Computer gespeichert sind. Der Windows-Explorer gehört zum Betriebssystem Windows und wird automatisch auf deinem Computer installiert. Im Explorer werden die Dateien und Ordner als kleine Symbole dargestellt, die mit der Maus angeklickt oder bewegt werden können. Auf diese Weise kannst du mit dem Explorer auch Dateien und Ordner kopieren, verschieben oder löschen.

FAQ

FAQ ist die Abkürzung für »Frequently Asked Questions«. Das heißt auf deutsch einfach »häufige Fragen«. FAQs gibt es zu fast jedem Thema im Internet. Du solltest immer erst die FAQ-Liste zu einem Thema durchlesen, bevor du eine Frage stellst. Viele Fragen sind in den FAQ-Listen nämlich schon beantwortet und es wird nicht gerne gesehen, wenn diese Fragen dann noch einmal gestellt werden.

Favorit

Favoriten sind im Internet-Explorer von Microsoft die Web-Adressen, die man speichert, weil man zu diesen Seiten später noch einmal zurückkehren möchte. Die Favoriten heißen bei anderen Browsern auch »Bookmarks« oder einfach nur »Lesezeichen«.

Fehlermeldung

Eine Fehlermeldung erscheint auf dem Monitor, wenn ein Programm nicht richtig funktioniert oder wenn du bei der Bedienung eines Programms einen Fehler gemacht hast. Wenn du eine Fehlermeldung nicht verstehst, frage einfach deine Eltern.

Flatrate

Die Flatrate (sprich: »flätträit«) ist ein besonderer Tarif bei einem Internet-Provider. Man zahlt nur einmal im Monat einen festen Betrag und kann dafür so lange und so oft im Internet surfen, wie man will. Ob sich eine Flatrate für dich und deine Familie lohnt, hängt davon ab, wie oft ihr im Internet unterwegs seid.

Font

Font ist ein anderes Wort für Zeichensatz. Ein Zeichensatz ist ein Satz von Buchstaben und Zahlen, die ein bestimmtes einheitliches Aussehen haben.

FTP

FTP ist die Abkürzung für »File Transfer Protocol«. Dieses Protokoll ist eine festgelegte Vorgehensweise, mit der Computer im Internet untereinander Daten übertragen können.

Funktionstasten

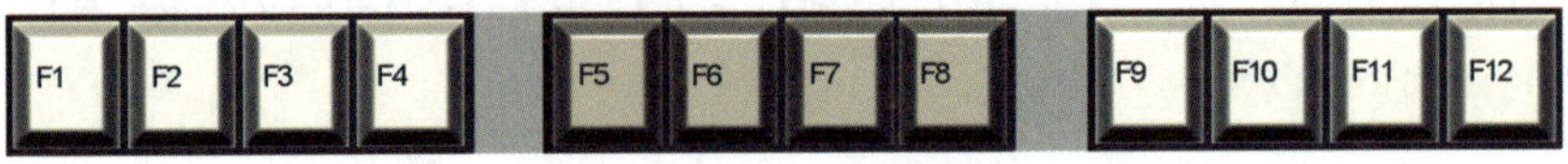

Die so genannten Funktionstasten befinden sich oberhalb der Buchstabentasten auf der Computertastatur. Sie haben die Bezeichnungen F1 – F12 und dienen dazu, mit einem Tastendruck eine bestimmte Funktion in einem Programm aufzurufen. Die Taste F1 ruft zum Beispiel bei allen Windows-Programmen die Hilfefunktion auf.

Gästebuch

Als Gästebuch bezeichnet man die Möglichkeit, auf einigen Websites eigene und für alle anderen Besucher lesbare Nachrichten zu hinterlassen. Achte hier unbedingt darauf, dass du in solchen Gästebüchern nie persönliche Daten wie deinen wirklichen Namen oder gar Adresse und Telefonnummer preisgibst.

Grafikkarte

Die Grafikkarte ist ein Bauteil des Computers, das sich im Inneren des Computergehäuses befindet. Grafikkarten unterscheiden sich in der Geschwindigkeit, in der sie Bilder auf dem Monitor darstellen können, und durch die Anzahl der Farben, die sie darstellen können. Ganz wichtig ist, dass das Bild der Grafikkarte auf dem Monitor nicht flimmert. Davon kann man nämlich Kopfschmerzen bekommen.

Grafikprogramme

Grafikprogramme sind Programme, mit denen man Bilder malen oder bearbeiten kann.

Hacker

Hacker sind Leute, die sich sehr gut mit Computern und mit der Programmierung von Computern auskennen. Allerdings benutzen die Hacker ihr Wissen nicht dazu, um neue Programme zu entwickeln, sondern dringen in fremde Computernetze ein, in denen sie nichts zu suchen haben.

Handbuch

Ein Handbuch ist ein Buch, in dem genau beschrieben wird, wie ein Computer, ein bestimmtes Gerät oder ein Programm funktioniert. Im Handbuch eines Programms findet man zum Beispiel eine Erklärung dazu, wie das Programm gestartet wird, welche Funktionen es hat und wie man es bedient. In vielen Programmen ist ein Handbuch bereits eingebaut. Man drückt in diesem Fall die Taste [F1], und das Handbuch oder die Hilfefunktion erscheint auf dem Bildschirm.

Hausaufgabenhilfe

Im Internet gibt es viele Websites, die sich mit Schulthemen befassen. Einige dieser Adressen bieten auch eine so genannte Hausaufgabenhilfe an. Du findest auf diesen Web-Seiten dann Tipps und Tricks für deine Hausaufgaben und manchmal sogar fertige Aufsätze, die du allerdings nicht einfach abschreiben, sondern nur als Hilfe benutzen darfst.

Hilfefunktion

Unter Hilfefunktion versteht man eine Art Computerhandbuch, das automatisch auf dem Bildschirm erscheint, wenn man die Taste F1 drückt. Fast alle Windows-Programme haben eine solche Hilfefunktion, die erklärt, wie das Programm bedient wird. Probier' das doch einfach mal bei verschiedenen Programmen aus!

Homepage

Die Homepage (sprich: »hohmpäidsch) ist die Startseite einer Website. Das heißt, es ist die Hauptseite, die aufgerufen wird, wenn du eine Internet-Adresse in deinem Browser eingibst und so die Verbindung zu einer Website herstellst.

HTML

HTML ist die Abkürzung für »Hyper Text MarkUp Language« und der Name der Programmiersprache, mit der Seiten im Internet geschrieben werden. Im HTML-Code einer Web-Seite steht genau, was auf der Seite an welcher Stelle und wie angezeigt wird. Außerdem wird im HTML-Code festgelegt, was passiert, wenn du auf eine bestimmte Stelle auf der Web-Seite klickst.

HTML-Editor

Ein HTML-Editor ist ein Programm, mit dem man den HTML-Code und damit das Aussehen und die Funktion von Web-Seiten bearbeiten kann. Mit einem HTML-Editor kannst du auch ganz neue Web-Seiten erzeugen. Wenn der Editor die Bezeichnung WYSIWYG hat, bedeutet das, dass du schon im Editor genau sehen kannst, wie die Seite später aussehen wird. Ein solcher Editor ist also gut geeignet, wenn du selbst Web-Seiten programmieren willst.

Hyperlink

Ein Hyperlink (sprich: »heiperlink«) ist eine Verbindung auf einer Web-Seite zu einer anderen Webseite oder zu einem anderen Punkt auf der gleichen Web-Seite. Hyperlinks können Wörter oder Bilder sein, die du einfach nur anklicken musst, um zum Beispiel zu einer ganz anderen Stelle oder zu einer anderen Web-Seite zu springen. Die Wörter, die als Hyperlinks funktionieren, sind meist blau dargestellt. Hyperlink-Bilder erkennst du leicht daran, dass sich der Mauszeiger verändert, wenn du mit der Maus über dem Bild stehst.

Icon

Ein Icon (sprich: »eikon«) ist ein Symbol, also ein grafisches Zeichen, das für ein bestimmtes Programm steht. Klickt man das Programm-Icon an, kann man das Programm zum Beispiel starten. Bei Windows haben aber nicht nur Programme Icons, sondern auch Ordner oder Laufwerke des Computers.

Installation

Bevor ein Programm auf einem Computer in Betrieb genommen werden kann, muss es erst einmal installiert werden. Dazu legt man eine Diskette oder eine CD-ROM in das entsprechende Laufwerk ein und startet ein Installationsprogramm. Installationsprogramme haben meistens Namen wie `Install.exe` oder `Setup.exe`. Das Installationsprogramm kopiert dann automatisch alle benötigten Dateien auf die Festplatte, und man kann danach mit dem neuen Programm arbeiten.

Internet

Das Internet ist ein riesiges Computernetzwerk, das um die ganze Welt reicht. An diesem Netzwerk kann jeder teilnehmen. Man braucht dazu nur ein Modem oder eine ISDN-Karte im Computer, einen Telefonanschluss und einen Internet-Zugang über einen Internet-Anbieter. Wenn du noch keinen Internet-Zugang hast, frag' doch mal deine Eltern danach!

Internet-Browser

Schau unter »Browser« nach!

Internet-Explorer

Der Internet-Explorer ist ein Internet-Browser der Firma Microsoft, die auch das Betriebssystem Windows herstellt. Deshalb ist der Internet-Explorer auch meist schon auf deinem Computer vorhanden, wenn du das Betriebssystem Windows benutzt. Wenn du noch keinen Internet-Explorer hast, kannst du ihn kostenlos auf vielen CD-ROMs, zum Beispiel in Computerzeitschriften, finden.

Internet-Provider

Ein Internet-Provider (sprich: »proweider«) ist ein Internet-Anbieter, der dir oder deinen Eltern gegen Bezahlung einen Zugang zum Internet anbietet. Weil du deinen Computer

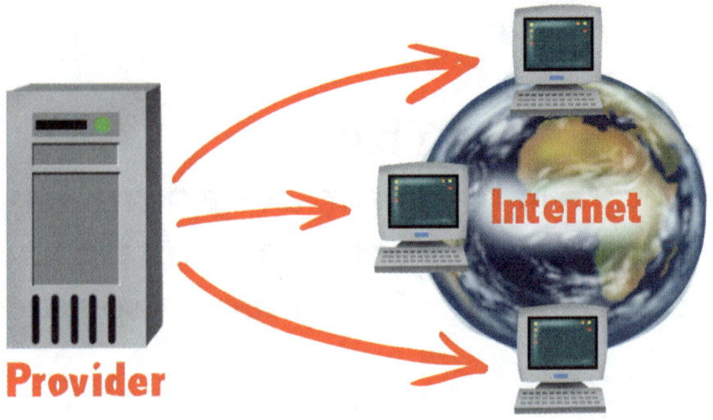

nicht direkt mit dem Internet verbinden kannst, musst du die Hilfe eines Internet-Providers in Anspruch nehmen.
Es gibt Internet-Provider, bei denen man einen Vertrag abschließen muss, und andere, bei denen man einfach die Internet-Verbindung über eine bestimmte Telefonnummer herstellen kann. Die nennt man dann »Call-by-Call-Provider«. Die Internet-Provider stoppen ganz genau, wie lange du im Internet gewesen bist. Je länger, desto teurer wird es dann auch – es sei denn, du hast eine so genannte Flatrate.

ISDN-Karte / ISDN-Modem

Eine ISDN-Karte oder ein ISDN-Modem brauchst du, wenn du deinen Computer über einen digitalen Telefonanschluss (ISDN-Telefonanschluss) mit dem Internet verbinden willst. Die ISDN-Karte wird in den Computer eingebaut. Ein ISDN-Modem wird mit einem Kabel an den Computer angeschlossen.

ISP

Kurzform für »Internet Service Provider«. Schau unter »Internet-Provider« nach!

Java

Java ist eine Programmiersprache, die häufig zur Programmierung im Internet eingesetzt wird.

Kennwort

Das Kennwort ist ein geheimes Wort, das du benötigst, um eine Verbindung zu dem Internet-Server deines Providers herzustellen. Das Kennwort dient dazu, dass nur jemand diese Internet-Verbindung benutzen kann, der auch dazu berechtigt ist. Deshalb ist es ganz besonders wichtig, dass du dein Kennwort immer geheim hältst und es wirklich niemals jemandem verrätst. Wenn jemand dein Kennwort kennt, kann er auf deine Kosten im Internet surfen, und du hast hinterher den Ärger.

Klicken

Als Klicken bezeichnet man das Herunterdrücken einer Taste der Computermaus. Man kann einfach klicken oder auch zweimal ganz kurz hintereinander: Das nennt man dann Doppelklick.

Komprimierte Dateien

Oft werden Dateien komprimiert (zusammengepresst), damit sie kleiner werden und so weniger Speicherplatz benötigen. Das macht man im Internet sehr häufig, weil die Daten umso schneller übertragen werden, desto kleiner sie sind. Um komprimierte Dateien wieder benutzen zu können, benötigst du ein Programm zum Entpacken der komprimierten Dateien.

Konto

Schau unter »Account« nach!

Kopieren

Kopieren ist das Übertragen von Daten oder Programmen auf einen anderen Datenträger. Man kann zum Beispiel einzelne Dateien kopieren oder auch ganze Disketten oder CD-ROMs. Wenn du zum Beispiel deinem Freund eine Bilddatei zeigen möchtest, die du mit Paint gemalt hast, kannst du einfach diese Datei auf eine Diskette kopieren und die Diskette mit zu deinem Freund nehmen. Dort könnt ihr euch das Bild dann auf seinem Computer anschauen.

Kopierschutz

Ein Kopierschutz verhindert, dass man zum Beispiel von einer Diskette oder einer CD-ROM eine Kopie herstellen kann. Damit soll verhindert werden, dass manche Leute Raubkopien von Programmen anzufertigen.

Laserdrucker

Beim Laserdrucker wird das, was auf das Papier gedruckt wird, mit Hilfe eines Laserstrahls übertragen. Deshalb ist der Druck eines Laserdruckers so sauber und sieht fast so aus wie in einem gedruckten Buch. Leider sind Laserdrucker, die in Farbe drucken können, sehr teuer. Dazu nimmt man besser einen Drucker, der mit Tinte arbeitet.

Laufwerkname

Jedes Laufwerk deines Computers hat einen Namen. Das Diskettenlaufwerk heißt »Laufwerk A:«, die erste Festplatte heißt »Laufwerk C:« usw. Auch CD-ROM-Laufwerke werden auf diese Weise benannt.

Lesezeichen

Schau unter »Favorit« nach!

Link

Schau unter »Hyperlink« nach!

Löschen

Löschen ist das Entfernen einer oder mehrerer Dateien oder Ordner von der Festplatte des Computers oder auch von einer Diskette. Dateien, die gelöscht wurden, kann man nicht mehr benutzen. Das Löschen einer Datei ist das gleiche, als ob man ein Blatt in den Papierkorb wirft.

Log in

Schau unter »Anmelden« nach!

Mailbox

Eine Mailbox (sprich: »mehlbox«) ist ein elektronischer Briefkasten. Wenn ein Computer an ein Netzwerk angeschlossen ist, kann er elektronische Briefe empfangen und verschicken. Die Briefe (E-Mails), die er verschickt, landen in der Mailbox des Empfängers.

Mailing-Liste

Eine Mailing-Liste ist eine Mail-Verteilerliste. Wenn du bei einer Mailing-Liste mitmachst, bekommst du alle Mails, die die anderen Teilnehmer an die Liste schicken. Umgekehrt können alle anderen auch deine Mails lesen. Mailing-Listen sind ideal, um Erfahrungen und Tipps zu einem bestimmten Thema auszutauschen. Um an einer Mailing-Liste teilzunehmen, musst du dich bei der Liste anmelden. Wie das geht, erfährst du meist auf der Homepage der Liste.

Maus

Die Computermaus dient dazu, einen kleinen Pfeil auf dem Monitor zu bewegen. Befindet sich der Pfeil zum Beispiel über einem Programmsymbol, so kann das Programm durch Drücken der linken Maustaste gestartet werden. Genauso einfach können auch Dinge auf dem Bildschirm verschoben werden, oder es können mit der Maus Bilder gemalt werden. Beim Klicken gibt es den linken oder rechten Mausklick und den Doppelklick, bei dem die linke Maustaste zweimal kurz hintereinander gedrückt wird.

Microsoft

Microsoft (sprich: »meikrosoft«) ist der Name der größten Computerfirma der Welt. Microsoft stellt vor allem Softwareprogramme her. Berühmt geworden ist Microsoft vor allem durch die Entwicklung von Windows und durch sein Textverarbeitungsprogramm Word.

MIDI

MIDI ist die Bezeichnung für eine Abmachung, die Hersteller von elektronischen Musikinstrumenten, Soundkarten und anderen Geräten geschlossen haben. Die haben sich nämlich im MIDI-Standard darauf geeinigt, dass alle elektronischen Instrumente miteinander verbunden werden können. Wenn dein Computer eine MIDI-Soundkarte hat, kannst du zum Beispiel ein Keyboard direkt an die Soundkarte anschließen und mit dem Computer Musik machen.

Modem

Ein Modem ist ein Gerät, mit dessen Hilfe es möglich ist, Computerdaten über die Telefonleitung von einem Computer zu einem anderen zu übertragen. Mithilfe eines Modems ist es auch möglich, Daten aus dem Internet zu empfangen oder ins Internet zu schicken. Ein Modem wird auf der einen Seite an den Computer und auf der anderen Seite an eine Telefonsteckdose angeschlossen.

Monitor

Ein Monitor funktioniert so ähnlich wie ein Fernsehgerät. Allerdings zeigt er keine Filme an, sondern dient als Ausgabegerät deines Computers. Auf diese Weise zeigt er Texte, Grafiken und manchmal sogar Computervideos an.

MP3

MP3 ist die Abkürzung für »MPEG Audio Layer 3« und gleichzeitig die Dateiendung von Musikdateien im MP3-Format. MP3-Musikdateien haben den Vorteil, dass sie sehr klein sind und deshalb gut über das Internet transportiert werden können.
Beim Herunterladen von MP3-Musikdateien musst du ein wenig aufpassen, weil es sich dabei manchmal um Raubkopien handelt, die du nicht auf deinen Computer downloaden darfst.

MS-DOS

MS-DOS ist der Name eines älteren Betriebssystems, das ziemlich kompliziert zu bedienen war. Weil MS-DOS so umständlich war, wurde Windows erfunden, mit dem die Computerbedienung einfacher funktioniert.

Multimedia

Multimedia ist die allgemeine Bezeichnung für alle Programme, die nicht nur Text auf dem Bildschirm anzeigen, sondern auch bewegte Bilder, Videos, Sprache und Musik ausgeben.

Multiplayer-Games

Multiplayer-Games sind Spiele, die du nicht nur allein an deinem Computer, sondern auch gemeinsam mit anderen in einem Netzwerk oder auch im Internet spielen kannst. Bei den Online-Spielen im Internet gibt es solche, die du (bis auf die Kosten für die Internet-Verbindung) kostenlos benutzen kannst und solche, für die du extra bezahlen musst.

Nadeldrucker

Beim Nadeldrucker werden kleine Nadeln gegen ein Farbband gedrückt, das dann auf dem Papier einen Farbpunkt hinterlässt. Nadeldrucker werden heute nur noch selten eingesetzt. Allerdings braucht man sie überall da, wo mit Hilfe von Pauspapier beim Drucken Durchschläge hergestellt werden.

Netiquette

Die Netiquette (sprich: »nettikett«) sind die Benimmregeln für das Internet. Hier ist festgelegt, wie man sich beim Schreiben von E-Mails, von Beiträgen in Mailing-Listen oder in Newsgruppen verhalten sollte. Die Netiquette brauchst du nicht auswendig zu lernen. Verhalte dich im Internet einfach zu jedem immer freundlich; dann kannst du nichts falsch machen. Wenn du mal nicht weißt, wie du dich verhalten sollst, kannst du in Mailing-Listen oder Newsgruppen einfach fragen. Dort wird dir immer jemand erklären, wie's funktioniert.

Netzwerk

Ein Netzwerk ist ein Verbund von mehreren Computern. Computer sind in einem Netzwerk mit Kabeln oder über Telefonleitungen verbunden. Auf diese Weise können sie Daten hin- und herschicken oder zum Beispiel gemeinsam einen Drucker nutzen.

Newsgroups

Newsgroups (sprich: »njuhsgruhps«) sind riesige »schwarze Bretter« im Internet, an denen jeder seine Nachrichten in Form von Mails aushängen kann. Es gibt Newsgruppen zu fast allen erdenklichen Themen. Bevor du selbst eine Mail an eine Newsgruppe schreibst, solltest du vorher die Beiträge der anderen Teilnehmer lesen, damit du nicht Fragen stellst, die schon oft beantwortet wurden.

Nickname

Nickname (sprich: »nicknaim«) heißt auf deutsch Spitzname und ist im Internet einfach irgendein Name, den du dir selbst zum Beispiel in einem Chat-Raum geben kannst. Insbesondere beim Chatten solltest du nie deinen richtigen Namen verwenden, sondern dir immer einen Nickname aussuchen, unter dem du auftrittst.

Online-Nachhilfe

Es gibt im Internet einige Angebote, die eine Online-Nachhilfe anbieten. Meist sollst du dort deine Aufgaben per Mail einschicken, und sie werden dann später korrigiert. Ob eine Online-Nachhilfe wirklich so gut funktioniert wie eine richtige, musst du allerdings selbst ausprobieren.

Online-Training

Online-Training ist Unterricht, der nicht in einer Schulklasse oder in einem Seminarraum stattfindet, sondern online über das Internet. Dazu gibt es verschiedene Lernprogramme und Websites, die solche Kurse anbieten. Wenn du so etwas machen möchtest, kannst du es vielleicht zuerst mal mit einem kostenlosen Angebot ausprobieren.

Ordner

Ordner sind Behälter für Dateien. Ein Ordner kann zum Beispiel Dateien zu einem bestimmten Thema oder auch weitere Ordner enthalten. Wie der Name schon sagt, dienen Ordner dazu, Ordnung auf der Festplatte zu halten. Ohne Ordner würden alle Dateien durcheinander purzeln und eine bestimmte Datei wäre sehr schwer zu finden.

Paint

Paint (sprich: »päint«) ist der Name des Malprogramms, das zusammen mit Windows ausgeliefert wird. Mit Paint kann man eine ganze Menge verschiedener Sachen anstellen, wie zum Beispiel Striche, Rechtecke oder Kreise in vielen verschiedenen Farben malen.

Passwort

Schau unter »Kennwort« nach!

Pauschalgebühr

Schau unter »Flatrate« nach!

Pentium

Pentium ist der Name eines Zentralprozessors (CPU), den die Firma Intel entwickelt hat. Intel ist einer der größten Hersteller von CPUs für Computer.

Pixel

Das Bild auf einem Computermonitor ist aus vielen kleinen Punkten zusammengesetzt, so ähnlich wie bei einem Mosaik. Die Punkte auf dem Computermonitor sind allerdings viel kleiner als Mosaiksteine und heißen Pixel.

Portal

Als Portal (= Tor) bezeichnet man eine Website, die man als Startseite ins Internet benutzt, und die viele Verbindungen zu Seiten im Internet anbietet.

Programmiersprachen

Programmiersprachen sind besondere Programme, mit denen man neue Programme Herstellen kann. Mit einer Programmiersprache schreibt man Anweisungen für den Computer, damit dieser weiß, was er tun soll. Das Programmiersprachenprogramm übersetzt dies dann für den Computer. Die meisten Programmiersprachen sind nicht ganz leicht zu erlernen. Um zu sehen, wie eine Programmiersprache funktioniert, ist für Kinder zum Beispiel die Sprache LOGO oder, wenn du dich schon gut mit Computern auskennst, auch Visual Basic geeignet. Programmiersprachen für Fortgeschrittene sind zum Beispiel C++, Delphi oder Java.

Provider

Schau unter »Internet-Provider« nach!

Public Domain

Als Public Domain (sprich: »pablik domäin«) werden bestimmte Programme bezeichnet, für deren Benutzung man kein Geld bezahlen muss. Meist stammen Public-Domain-Programme von Hobbyprogrammierern, die ihre Programme kostenlos verteilen. Public-Domain-Programme dürfen von jedem benutzt und weitergegeben werden; sie dürfen aber nicht verändert oder verkauft werden.
Schau auch unter »Freeware« nach!

RAM

RAM ist der Fachausdruck für Arbeitsspeicher. Der Arbeitsspeicher eines Computers ist der Speicherplatz, in den alle Daten geladen werden, die der Computer während seiner Arbeit braucht. Im Gegensatz zur Festplatte können die Daten im Arbeitsspeicher viel schneller verarbeitet werden.

Raubkopie

Eine Raubkopie ist eine Kopie eines Programms, eines Musikstücks, eines Films oder irgendeiner anderen Sache, die ohne Genehmigung hergestellt wurde. So darf man zum Beispiel nicht einfach eine Kopie von einer CD-ROM herstellen und die dann an jemand anderen weitergeben. Auch »selbstgebrannte« Spiele sind Raubkopien.
Wer Raubkopien herstellt, verteilt oder sogar verkauft, macht sich strafbar und kann in ganz schlimmen Fällen sogar ins Gefängnis kommen!

Reset-Taste

Die Reset-Taste (sprich: »riessett«) ist ein besonderer Schalter am Computer, mit der der Computer kurz aus- und wieder eingeschaltet werden kann. Die Reset-Taste sollte nur dann benutzt werden, wenn der Computer abgestürzt ist, das heißt, wenn gar nichts mehr funktioniert, und auch die Eingabe über die Tastatur keine Wirkung mehr zeigt. Die Reset-Taste lässt sich oft nur mit Hilfe eines spitzen Gegenstands eindrücken, damit sie nicht versehentlich betätigt wird. Aber Vorsicht: Nach Drücken der Reset-Taste sind alle Daten verloren, die vor dem Absturz noch nicht gespeichert wurden.

Scanner

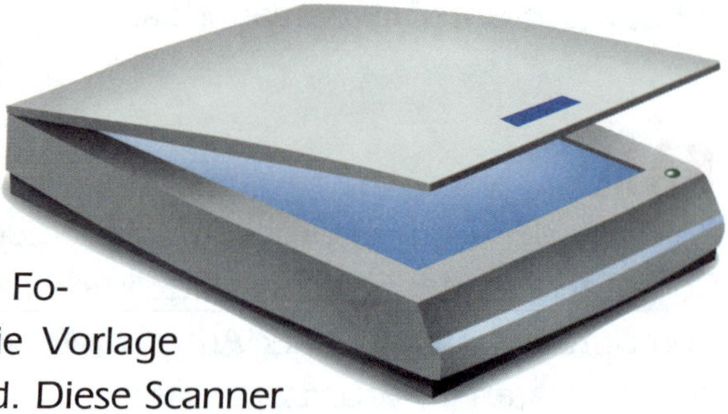

Ein Scanner (sprich: »skänner«) ist ein Gerät, mit dem man Bilder, Fotos, Grafiken oder Texte in einen Computer übertragen kann. Es gibt Scanner, die so aussehen wie Fotokopiergeräte, und bei denen die Vorlage auf eine flache Scheibe gelegt wird. Diese Scanner heißen Flachbettscanner. Kleinere Scanner, die von Hand über die Vorlage gezogen werden, nennt man Handscanner.

Schnittstellen

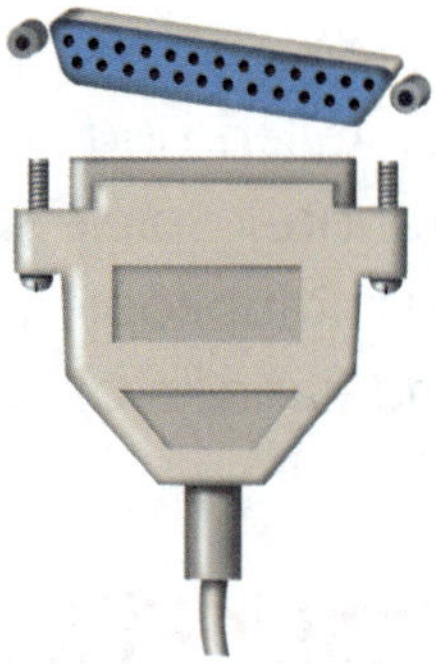

Als Schnittstellen werden alle Anschlüsse am Computer bezeichnet, an die Geräte wie Drucker, Maus oder Monitor angeschlossen werden. Es gibt z. B. so genannte serielle, parallele, PS2- oder USB-Schnittstellen. Die seriellen Schnittstellen übertragen Daten langsamer und haben Pins. Die parallelen sind schneller und haben Löcher. Mäuse werden zum Beispiel an die PS2-, Drucker meist an die parallele Schnittstelle angeschlossen.

Serienbrief

Als Serienbrief werden solche Briefe bezeichnet, die mit gleichem Inhalt an viele verschiedene Adressaten verschickt werden. Moderne Textverarbeitungsprogramme haben eine so genannte Serienbrieffunktion. Damit wird der gleiche Brief immer wieder mit neuen Adressen und der zur Adresse passenden Anrede ausgedruckt.

Server

Ein Server (sprich: »sörwer«) ist ein Computer im Internet oder in einem anderen Netzwerk, der für andere Computer oder Programme bestimmte Funktionen oder Dienste anbietet. So hat zum Beispiel dein Internet-Provider einen oder mehrere Server im Internet, die für deinen und andere Computer den Zugang zum Internet bereitstellen. Ein Mail-Server hat zum Beispiel die Aufgabe, die eingehenden und ausgehenden E-Mails zu verwalten.

Shareware

Als Shareware (sprich: »schärwär«) werden Computerprogramme bezeichnet, bei denen der Autor, also der Besitzer des Programms, seinen Kunden erlaubt, das Programm erst auszuprobieren, bevor sie es kaufen. Auf diese Weise kann jeder vor dem Kauf prüfen, ob das Programm für ihn gut geeignet ist. Gefällt es ihm, muss er es nach einer bestimmten Zeit kaufen. Wenn nicht, darf er es nicht weiterbenutzen, muss aber auch nichts bezahlen.

Sicherheitskopie

Als Sicherheitskopie bezeichnet man einen kopierten Datenträger (zum Beispiel eine Diskette), auf dem Daten eines anderen Datenträgers sicherheitshalber noch einmal gespeichert sind. Sicherheitskopien von Programmen darfst du nur für den eigenen Gebrauch machen, nicht aber dafür, um ein Programm auf einem zweiten Computer zu installieren.

Shockwave

Shockwave (sprich: »schockwäif«) ist der Name eines kleine Zusatzprogramms, das dein Internet-Browser benötigt, um bestimmte Web-Seiten richtig anzeigen zu können. Solche Zusatzprogramme nennt man auch Plugins. Sie erweitern die Fähigkeiten des Internet-Browsers.

Site

Schau unter »Website« nach!

Sitemap

Eine »map« ist eine Landkarte. Eine Sitemap (sprich: »seitmäpp«) ist eine Übersichtskarte über alle Seiten einer Website.

Sitzung

Sitzung nennt man die Zeit, die ein Benutzer online im Internet unterwegs ist. Wenn die Verbindung beendet wird, ist auch die Sitzung beendet.

Smiley

Schau unter »Emoticons« nach!

Software

Software ist die allgemeine Bezeichnung für jede Art von Daten, die auf irgendeinem Datenträger gespeichert sind. Dazu gehören zum Beispiel Programme, Texte, Bilder, Musik und vieles mehr. Wichtig ist nur, dass die Software auf einem Datenträger gespeichert ist und vom Computer gelesen werden kann. Das Gegenteil von Software ist Hardware. Dazu gehören dann zum Beispiel alle Bauteile des Computers.

Soundkarte

Eine Soundkarte ist ein Bauteil des Computers, mit dessen Hilfe du Musik, Sprache und Geräusche zu bestimmten Programmen hören kannst. Soundkarten kann man auch nachträglich einbauen. Wenn deine Eltern eine Soundkarte kaufen, achte darauf, dass sie auch gut klingt. Am besten lasst ihr euch den Sound beim Händler erst einmal vorführen. Wenn du ein Keyboard hast, solltest du darauf achten, dass die Soundkarte einen MIDI-Anschluss besitzt, damit du auch selbst damit Musik machen kannst.

Speicherplatz

Jedes Programm und jede Datei benötigt eine gewisse Menge Platz, wenn sie gespeichert werden. Deshalb spricht man in diesem Fall von Speicherplatz. Genauso sagt eine Speicherplatzangabe einer Festplatte aus, wie viele Daten darauf gespeichert werden. Auch die Größe des Arbeitsspeichers (RAM) ist eine Speicherplatzangabe. Speicherplatz wird normalerweise in Kilobyte, in Megabyte oder in Gigabyte angegeben. Je größer ein Programm ist, desto mehr Speicherplatz benötigt es.

Startseite

Die erste Seite einer Website. Schau auch unter »Homepage« nach!

Suchdienst

Suchdienste sind bestimmte Server im Internet, die dir dabei helfen, Informationen und andere Dinge im Internet zu finden. Weil das Internet so riesengroß ist, sind Suchdienste wie zum Beispiel die »Blinde Kuh« oder »AltaVista« fast die einzige Möglichkeit, bestimmte Dinge zu finden. Manche Suchdienste durchsuchen Tag und Nacht mit Hilfe automatischer Programme das Internet. Diese Suchdienste nennt man auch Suchmaschinen. Bei anderen Suchdiensten sortieren Menschen die Internet-Seiten in verschiedene Kategorien. Solche Suchdienste nennt man Kataloge.

Suchmaschine

Schau unter »Suchdienst« nach!

Surfen

Unter Surfen (sprich: »sörfen«) versteht man das Springen von einer Web-Seite zur anderen oder ganz allgemein einfach das Benutzen des Internets.

Textverarbeitung

Unter einem Textverarbeitungsprogramm versteht man ein Programm, das einem dabei hilft, Texte zu schreiben, sie so zu bearbeiten, dass sie gut aussehen, und sie immer wieder zu verbessern, bis man mit ihnen zufrieden ist. WordPad ist eine Textverarbeitung, die zum Lieferumfang von Windows gehört.

Tintenstrahldrucker

Sicher weißt du schon, dass es unterschiedliche Druckertypen gibt. Bei Tintenstrahldruckern werden die einzelnen Buchstaben, Zeichen und Grafiken durch kleine Tintentropfen erzeugt, die auf das Papier gespritzt werden. Tintenstrahldrucker werden heute fast überall eingesetzt. Besser drucken nur noch Laserdrucker.

Treiber

Treiber sind kleine Programme, die zum Beispiel von Druckern oder Grafikkarten benötigt werden, damit diese richtig funktionieren.

Trialversion

Trialversionen (sprich: »treielversionen«) von Softwareprogrammen sind so genannte »Probierversionen«. Das heißt, du kannst das Programm eine bestimmte Zeit lang benutzen (zum Beispiel 30 Tage), um auszuprobieren, ob du es kaufen möchtest. Danach funktioniert es nicht mehr, es sei denn, du kaufst das Programm.

Update

Das Update (sprich: »apdäit«) eines Softwareprogramms ist eine neue Programmversion, die zum Beispiel mehr Möglichkeiten bietet als die alte oder in der bestimmte Dinge besser funktionieren. Man kauft ein Update eines Programms meist zu einem gegenüber einer Vollversion verbilligten Preis.

URL

URL steht für »Uniform Resource Locator« und ist die offizielle Bezeichnung für eine Adresse im World Wide Web.

Username

Auf deutsch bezeichnet der Username den Benutzernamen, also den Namen, mit dem man sich zum Beispiel auf seinem Computer oder im Internet anmeldet.

Versionsnummer

Versionsnummer nennt man die Zahl, die oft hinter dem Namen eines Programms steht. Zum Beispiel ist bei dem Programm »Word 6.0« die Versionsnummer 6.0 (sprich: »6 Punkt 0«). Wenn ein Programm gerade erst ganz neu programmiert wurde, bekommt es die Versionsnummer 1.0. Im Laufe der Zeit fallen den Programmierern dann noch bessere Ideen ein, oder Fehler, die noch im Programm steckten, werden herausgenommen. Dann gibt es eine neue Version, zum Beispiel 2.0 usw. Manchmal wird auch statt der Versionsnummer die Jahreszahl des Jahres benutzt, in dem ein Programm erschienen ist; zum Beispiel Windows 2000.

Verzeichnis

Verzeichnis ist ein anderes Wort für »Ordner«. Verzeichnisse (oder Ordner) kannst du dir vorstellen wie einen Aktenordner, in den alle Dokumente kommen, die zu einem bestimmten Thema gehören. So könntest du zum Beispiel in dem Ordner `Bilder` alle Bilder abspeichern, die du mit dem Malprogramm Paint hergestellt hast.

Viren

Computerviren sind kleine Programme, die keinen anderen Sinn haben, als die Arbeit am PC mit unterschiedlichen Mitteln zu stören. Oftmals können Virenprogramme sogar Daten zerstören oder löschen. Viren verstecken sich oft in anderen Programmen und werden zum Beispiel über Disketten oder auch über das Internet übertragen. Besonders häufig befinden sich Viren auf Raubkopien oder auf Disketten, die durch viele Hände gehen.

Webcam

(sprich: »wäppkemm«) Eine Videokamera, die ihre Bilder ins Internet überträgt.

Web-Seite

Eine Seite im World Wide Web. Eine Web-Seite kann Texte, Bilder, Musik und sogar Videos enthalten. Web-Seiten kannst du dir mit einem Internet-Browser anschauen.

Website

Eine Website (sprich: »wäppseit«) ist die Gesamtheit aller Web-Seiten, die zu einer Internet-Adresse gehören. Von der Homepage oder Startseite kann man zu den einzelnen Seiten der Website verzweigen.

Windows

Windows ist der Name eines Betriebssystems, mit dessen Hilfe der Computer fast vollständig über grafische Zeichen und mit der Computermaus bedient werden kann. Windows wurde von der Firma Microsoft entwickelt. Von Windows gibt es verschiedene Varianten wie zum Beispiel Windows 98, Windows ME oder Windows 2000. Windows ist das Betriebssystem, das am häufigsten auf PCs benutzt wird.

World Wide Web

Das World Wide Web (sprich: »wörld weid wäpp«), abgekürzt WWW, ist ein Teilbereich des Internet, der den Zugriff auf Websites mithilfe eines Browsers möglich macht. Viele Seiten des World Wide Web sind über Hyperlinks miteinander verbunden.

Zugangsberechtigung

Für die Arbeit in einem Netzwerk oder im Internet benötigst du eine Zugangsberechtigung. Meist wird mithilfe eines Kennworts oder Passworts überprüft, ob der Benutzer eine Zugangsberechtigung besitzt.